AF305796

JENNEVAL

OU

LE BARNEVELT FRANÇOIS,

DRAME,

EN CINQ ACTES, EN PROSE.

Par M. MERCIER.

A PARIS,

Chez LE JAY, Libraire, rue Saint Jacques, au-dessus
de celle des Mathurins, au Grand Corneille.

M. DCC. LXIX.

(3)

PRÉFACE.

LORSQUE M. Saurin donna Beverley, le Public parut défirer qu'on traitât le fameux fujet de Barnevelt, ou le Marchand de Londres, qui eft comme le pendant du Joueur. La Piece Angloife de Lillo jouit d'une grande réputation; elle le mérite. Il y regne cette vérité, ce pathétique attendriffant l'ame du genre Dramatique. Les adieux de Truman & de fon ami font admirables; mais la confufion des fçenes, l'intérêt coupé & divifé, le bizarre à côté du fublime, toutes les fautes enfin du Théatre Anglois empêcheront qu'elle foit jamais repréfentée fur le nôtre dans la forme où elle fe trouve.

Echauffé par le défir de donner un Drame utile, j'ai voulu peindre les fuites funeftes d'une liaifon vicieufe, rendre la paffion redoutable autant qu'elle eft dangereufe, infpirer de l'éloignement pour ces femmes charmantes & méprifables, qui font un métier de féduire, montrer à une jeuneffe fougueufe & imprudente que le crime fouvent n'eft pas

loin du libertinage,& que dans l'ivreſſe enfin,
on ignore juſqu'à quel point peut monter
la fureur. J'ai tâché de ſurmonter les obſta-
cles , & d'accommoder ce ſujet à notre
Théatre , c'eſt à-dire à nos mœurs.

Le plan du Joueur Anglois étoit ſimple
& aſſez régulier ; le plan du Marchand de
Londres eſt un véritable cahos , où il eſt
impoſſible de faire entrer l'ordre & l'unité.
Tous les gens de lettres ont conçu l'extrême
difficulté qu'offroit un pareil ſujet. Il falloit
néceſſairement mettre ſur la Scene une cour-
tiſane , la faire parler , la faire agir , montrer
un jeune homme livré à ſes charmes, abandonné à ſon génie corrupteur , & l'idolâtrant
avec le tranſport & la bonne foi de ſon âge.
Il falloit en même-tems écarter des images
capables de flétrir l'ame , & qui l'obſedent
ſans ceſſe à cauſe du lieu de la Scène. Plus
le pinceau devoit être naturel , plus il deman-
doit à être manié avec art.

C'étoit aſſez pour moi d'avoir ces conditions à remplir. Je n'ai pas oſé aller plus loin.
Barnevelt , aſſaſſin de ſon oncle , revenant les
mains teintes de ſang , montant ſur l'échaffaut pour expier un parricide , auroit à coup-
ſûr révolté les ſpectateurs. Nous compatiſ-
ſons aux foibleſſes , aux infortunes , aux dé-

ſordres mêmes des paſſions ; mais nous n'avons point de larmes à donner à un meurtrier. Sa cauſe nous devient étrangere. Il n'eſt plus compté dans la ſociété. Son crime peſe à notre ame & l'accable ; rien ne le juſtifie, rien ne l'excuſe à nos yeux, & le théatre à Paris n'a pas un pont de communication avec la grêve.

Mais comment auſſi conſerver toute la force théatrale & ménager la délicateſſe françoiſe qui, dans ce point, me paroît juſte & reſpectable? Comment expoſer la paſſion dans toute ſon énergie & ne point perdre le but moral, faire frémir, & ne point faire horreur? J'ai conduit le jeune homme ſur le bord de l'abîme. Je lui en ai fait meſurer toute la profondeur. Il m'eut été facile de l'y précipiter. Mais j'en appelle à la nation. Auroit-elle vû ſans pâlir un forcené guidé par la ſoif de l'or, & par celle de la volupté qui court plonger le poignard dans le ſein d'un homme vertueux ? Non, elle eut repouſſé le tableau, parce qu'il n'eſt pas fait pour elle, & qu'elle ne ſuppoſe point un parricide au milieu des ames ſenſibles qui viennent s'attendrir & pleurer à ſon ſpectacle. On peut être ému, effrayé, ſans que le Poëte ſerre le cœur d'une maniere triſte & déſagréable.

Faut-il bleſſer pour guérir ? Ne ſuffit-il pas d'environner l'ame du doux ſentiment de la pitié, de ce ſentiment vainqueur qui nous replie ſur nous mêmes, & qui triomphe d'une maniere auſſi douce qu'intime ? Croira-t-on que le jeune homme foible & trompé, ne pourra ouvrir les yeux, & ſortir de l'enchantement, ſans qu'on lui montre dans l'enfoncement du théatre la corde, la potence & le bourreau ? Et pourquoi dans cette ſituation attendriſſante & terrible, où la voix d'une femme commande un aſſaſſinat, ne pas laiſſer au jeune homme interdit & déchiré un retour à la vertu ? Ce retour n'eſt-il pas naturel, & le nouveau but moral qu'il offre en donnant une idée noble des forces victorieuſes que nous recelons en nous mêmes, n'eſt-il pas fait pour ſatisfaire autant le public que le Philoſophe ?

J'ai donc été obligé d'abandonner la piece angloiſe, & de faire, pour ainſi dire, un Drame nouveau. J'ai conſervé le fond de deux caracteres ; & j'ai marché ſeul pour le reſte. J'ai regretté de n'avoir pu faire entrer dans ma piece pluſieurs beautés de l'Anglois ; mais ayant ſuivi un plan tout différent, ces beautés n'ont pu trouver leur place. Enfin, travaillant pour ma nation, je n'ai pas dû lui préſenter des mœurs atroces.

Je pourrois donner ici mes idées fur ce genre utile, qui met dans un jour fi frappant les malheurs & les devoirs de la vie civile ; qui, plus que l'orgueilleufe Tragédie, parle à cette multitude, où repofe une foule d'ames neuves & fenfibles, qui n'attendent, pour s'émouvoir que le cri de la nature. Je pourrois faire voir que la plupart des Auteurs Dramatiques n'ont malheureufement travaillé jufqu'ici que pour un très-petit nombre d'hommes, que les fuccès qu'ils devoient attendre & placer dans l'amélioration des mœurs n'ont pas répondu à leurs efforts, parce qu'ils ont employé leur génie à tracer des tableaux fuperbes, mais le plus fouvent de pure fantaifie. Quelques beaux qu'ils puiffent être ils ne frappent point le gros de la nation, parce qu'ils n'ont pas un rapport néceffaire avec l'inftruction générale. Les Ecrivains comme les grands, ont femblé dédaigner l'oreille du Peuple.

Chez les Grecs le but de la Tragédie étoit fenfible. Elle devoit nourrir le génie Républicain, & rendre la Monarchie odieufe. J'entends fort bien Corneille; mais il faut l'avouer, il eft devenu pour nous un auteur prefque étranger, & nous avons perdu jufqu'au droit de l'admirer. Nous aimons le poli & la maffue d'Hercule eſt noueuſe. Corneille enfin devoit naître en Angleterre. Que nous reſte-t-il preſentement à faire, ſi ce n'eſt de combattre les vices qui troublent l'ordre ſocial ? voilà tout notre emploi ; & puiſqu'il ne s'agît plus de ces grands intérêts, à jamais ſéparés des nôtres, ce ſont mes ſemblables que je cherche, ce ſont eux qui doivent m'intéreſſer, & je ne veux plus m'attendrir qu'avec eux.

Il eſt donc ſingulier que parmi tant d'Auteurs que leur goût portoit à la recherche & à la peinture des caractères, preſque tous ayent dédaigné le commerce des habitans de la Campagne ou n'aient vu en eux que leur groſſiereté apparente. Quel tréſor pour un Poëte moral, que la nature dans ſa ſimplicité ! que de choſes à peindre, à réveler à l'oreille des Princes ! ſi je ne me trompe, vû nos progrès dans la Philoſophie, ce ſeroit aujourd'hui au Monarque à deſcendre au rang des Auditeurs, & ce ſeroit au Pâtre à monter ſur la ſçene. L'inverſe du Théatre deviendroit peut être la forme la plus heureuſe, comme la plus inſtructive. Le payſan du Danube paroît un inſtant au milieu du Sénat de Rome, & devient le plus éloquent des Orateurs.

Avouons que l'art Dramatique n'a pas reçu

tout fon effet, qu'on l'a refferré dans des bornes étroites, que nous n'avons prefque point de pieces vraiment nationales, que le goût imitateur a profcrit la vérité précieufe, que ces Tragédies où il ne s'agît point des crimes des têtes couronnées, de ces crimes ftériles dont nous fommes las, mais des infortunes réelles & préfentes de nos femblables font, fans doute, les plus difficiles à tracer, parce que tout le monde eft juge de la reffemblance, & qu'il faut qu'elle foit exacte, ou l'effet eft abfolument nul. Le Poëte qui me peindroit l'indigent laborieux, environné de fa femme & de fes enfans, & malgré un travail commencé avec l'aurore & continué bien avant dans la nuit, ne pouvant fortir des horreurs de la mifere qui le preffe, m'offriroit un tableau vrai & que j'ai fous les yeux. Ce tableau offert à la Patrie pourroit l'éclairer par fentiment, lui donner des idées plus faines de politique & de légiflation, démontrer leurs vices actuels, & par conféquent il feroit plus utile à tracer que ces lointaines révolutions arrivées dans des états qui ne peuvent nous toucher en rien.

Je pourrois m'étendre davantage; mais il eft trop aifé & trop dangereux de s'ériger

en Légiflateur. L'amour-propre, d'une maniere infenfible & prefque naturelle, vous
perfuade que l'art & vous, ne faites qu'un.
Il faut échapper à ce piége où tombe faci-
lement la vanité. Cependant le critique qui
n'a qu'un goût étroit, qu'une ame féche &
ftérile, s'imaginera que l'art eft détruit, parce qu'il eft modifié. Il ne fentira pas que l'art
n'a fait qu'augmenter fes richeffes & reculer
fes bornes. Trifte envieux, froid differtateur,
ne fachant pas même prévoir qu'il rifque de
rougir le lendemain de ce qu'il a écrit la
veille, il ofera appeller ce genre le refuge
de la médiocrité. Comme fi ce n'étoit rien
que de peindre avec fentiment & avec vérité, comme fi le génie étoit attaché au vê-
tement Grec, Perfe ou Romain; & dépen-
doit fervilement de tel ou tel perfonnage!

Quelle comparaifon, dit l'Auteur de la
Poëtique Françoife, de Barnevelt avec
Athalie, du côté de la pompe & de la majefté
du Théatre! mais auffi quelle comparaifon
du côté du pathétique & de la moralité!

Le vœu général de la nation, je l'oferai
dire, eft de voir enfin des Drames qui nous
appartiennent, & dont le but moral foit plus
effectif, comme plus près de nous. Les pre-
miers effais ont été reçus avec tranfport.

Voyez dans toutes nos Provinces les fuccès qu'ont eu le Pere de Famille, le Philofophe fans le fçavoir, Beverley, &c. Chaque Citoyen a dit, voilà ce qu'il faut offrir à nos enfans, à nos fœurs, à nos femmes. Voici enfin des leçons qui pourront fructifier dans leurs cœurs. Plus la fable approche des évenemens ordinaires, plus elle ouvre dans l'ame une entrée libre aux maximes qu'elle renferme, dit Gravina.

L'homme de génie qui a fait le Pere de Famille pourroit en cette partie enlever tous nos hommages. Ah! s'il prenoit les pinceaux de cette même main qui a parcouru le vafte champ des arts, comme tous les états de la vie civile qu'il a vus & fréquentés recevroient de fon ame féconde & brulante la leçon d'une morale applicable à leurs diverfes conditions! & que deviendroient alors devant lui ces Auteurs qui vont chercher hors de leur fiécle & de leur patrie une nature énergique qu'ils ont fous les yeux & qu'ils font impuiffants à peindre.

A mefure que les lumieres s'étendent, fe fortifient, naiffent dans les arts de nouvelles combinaifons. Elles font le fruit du tems, de l'expérience & de la réfléxion. Il eft réfervé, sans doute au siécle de la philosophie de donner au peuple un genre dont il puisse entendre & reconnoître les personnages. Le systême Dramatique a visiblement changé depuis Corneille jusqu'à la Chaussée ; encore quelques nuances de plus, un nouveau dégré de vérité & de vie, & la nation bénira ses Poëtes. On doit des éloges par exemple à M. d'Arnaud ; il vient de déterminer un nouveau genre de Drame, touchant & lugubre ; il a présenté les grands combats de la religion & de l'amour, ces deux puissances du cœur humain. Il l'a vu tel qu'il est, tel qu'il gémit dans les cloîtres, & combien de cœurs infortunés se sont reconnus dans ses tableaux ! combien d'autres éviteront d'opposer ainsi leur foiblesse à la plus tiranique des passions ! Quelle force, quelle influence les écrivains n'auroient-ils pas sur les esprits, s'ils ne perdoient jamais de vue que les talens ne sont rien, s'ils ne se tournent vers un objet utile ! Quelle énergie, quel triomphe assuré n'auroit pas en même-tems notre Théatre, si au lieu de le regarder comme l'asile des hommes oisifs, on le considéroit comme l'école des vertus & des devoirs du Citoyen ! Quel art que celui qui, concentrant toutes les volontés ; de tous les cœurs peut ne faire qu'un seul & même cœur! Que de tableaux éloquens nous pourrions enfin exposer en partant de l'heureux point de vue où nous sommes!

PERSONNAGES,

M. DABELLE, Chef de Bureau.

LUCILE, Fille de M. Dabelle.

JENNEVAL, jeune homme faifant fon droit
demeurant chez M. Dabelle.

BONNEMER, Caiffier de M. Dabelle, ami de
Jenneval.

DUCRÔNE, Oncle de Jenneval.

ORPHISE, Coufine de Lucile, nouvellement
mariée.

ROSALIE.

JUSTINE, fuivante de Rofalie.

BRIGARD, Efcroc, Brétailleur, &c.

UN COMMIS.

UN DOMESTIQUE.

La Sçene eft à Paris.

JENNEVAL

JENNEVAL

O U

LE BARNEVELT FRANÇOIS,

D R A M E.

C.P. Marillier del.   F. De Ghendt Sculp.

ACTE IV. Scene 7.

JENNEVAL

OU

LE BARNEVELT FRANÇOIS,

ACTE PREMIER.

SCENE PREMIERE.

M. DABELLE *seul, assis devant une table couverte de papiers. Il écrit.*

Un Commis entre & apporte plusieurs lettres, M. Dabelle les ouvre, & à mesure qu'il les lit, il les rend & dit:

RÉPONDEZ tout de suite à ces trois Lettres... Faites expédier le Congé à ces Soldats, qui ont rempli le tems de leur engagement. Rendons des Agriculteurs aux Provinces, & ne violons jamais la foi publique. Elle est encore plus sacrée que celle des particuliers. Pressez cette autre expédition : elle est importante, elle intéresse plusieurs malheureux...

A iij

Il a retenu une lettre qui le concerne particuliérement.
Il la lit & la tient décachetée à la main. Le Commis se retire.

Ce jour eſt donc fait pour me ſurprendre . . .
(*en élevant la voix*). Non , non, l'ambition de m'al-
lier avec un homme plus puiſſant & plus riche que
moi ne m'aveuglera point. Je veux que ſa main ſe
donne avec ſon cœur. Malheur au pere aſſez dur
pour faire, du ſaint nœud de l'Himen, un lien tiſſu par
l'intérèt. Comte ! votre lettre me fait beaucoup d'honneur ; mais ſi ma fille ne vous nomme point , ma ré-
ponſe eſt toute faite.

SCENE II.

M. DABELLE, LUCILE.

LUCILE *allant à ſon pere & lui baiſant les*
mains avec reſpeсt.

MON Pere !

M. DABELLE.

Bon jour mon enfant. Je t'attendois ce matin avec
plus d'impatience encore que les autres jours. Nous
devons avoir un aſſez long entretien enſemble. J'ai
bien des choſes à te dire , & je déſire que Lucile y
réponde avec ſa franchiſe accoutumée.

LUCILE.

Vous me parlez toujours avec tant de bonté. Vous
jugez ſi favorablement de mon cœur , que je crains
de ne pouvoir mériter vos éloges . . . Vous ſçavez le

plaifir que j'ai à vous entendre ... Je ne me fuis jamais trouvé embarraffée avec vous ; mais combien
de fois vous m'avez émue !

м. D A B E L L E.

Je fuis trop loin de me reprocher la douceur dont
j'ai ufé envers toi pour devoir l'abandonner. Eh
comment peut-on fe réfoudre à ne pas traiter fon
enfant comme foi-même ? Ce n'eft qu'aux foins
paternels, qu'il doit reconnoître celui dont il tient la
vie... Affeyez-vous , ma fille ... Je fais vous rendre juftice . . . (*en s'animant.*) Lorfque l'époufe ché-
rie dont tu me retraces tous les traits , ainfi que les
vertus , lorfque ta mere , orgueilleufe de remplir les
devoirs qu'impofe ce nom facré , t'allaitoit fur fes
genoux , ma Lucile étoit encore au berceau, & dans
nos doux entretiens nous parlions déja de la marier.
Au milieu de la joie dont nos cœurs étoient pénétrés ,
nous jettions pour elle nos regards dans l'avenir ...
(*d'un ton non moins touchant , mais plus férieux* ; Votre
mere eft morte, Lucile : elle m'a laiffé feul au milieu du travail de votre éducation ; mais l'ouvrage
commencé par fes mains , formé fur le plus noble
modele s'eft achevé de lui-même ; vous me tenez lieu
d'elle ... Mais il eft une fin pour laquelle vous étes
née. Chaque âge a fa deftination , & quiconque ne
la remplit pas fe prépare des malheurs plus grands
que ceux qu'il croît éviter ... Je fens qu'il vous fera
dur de vous féparer d'un pere ; c'eft à moi de vous
preffer de choifir un époux ... Il faut que je vous
quitte un jour ; la tombe où repofe votre mere m'attend. Alors ne m'ayant plus, fans protecteur , fans
amis , vous refteriez feule. (*Lucile peinée fe leve &*
voudroit parler ; м. Dabelle lui prenant les mains)

Non ma fille, il n'y a point de réponse à cela. Retenez vos larmes ; je mourrai content, mais ce fera
après avoir affuré votre bonheur.

Péfons-donc ici nos intérêts : vous vous étonnez
tous les jours de voir des maifons, où, fous une apparente tranquillité, règne la difcorde ; des Maîtres
durs ou gouvernés par leurs valets ; des femmes dif-
fipées & fans tendreffe ; des chefs de famille dont l'enfance fe perpétue jufques dans la vieilleffe. O ma fille,
voici l'origine du mal, c'eft que les meilleures qualités le cédent à une trifte opulence. On court après
la fortune , on néglige les vertus fociales. Sous le
brillant de la richeffe , le cœur de l'homme fe trouve
fouvent bien pauvre. On fe voit trompé lorfqu'il
n'eft plus tems de revenir fur fes pas. Je vous ai accoutumée de bonne heure à diftinguer le mérite réel
de celui qui n'en a que les dehors. Elevée dans la
maifon paternelle, vous y avez vu le vrai , le beau ,
l'honnête. Le vice ne s'eft offert à votre imagination
que comme ces fantômes qui fe perdent dans l'ombre. Voici l'âge où la raifon fe joint chez vous au fentiment. Voici l'inftant où je dois être récompenfé de
mes peines... Je vous l'ai déja dit , ma fille , plus
des trois quarts de mes jours font écoulés... Ré-
pondez-moi, aurai-je la confolation de vous laiffer
entre les bras d'un époux ? J'ai toujours attendu que
votre cœur parlat : je l'avouerai , j'ai épié avec une
fecrette impatience jufqu'à fes moindres mouvemens. Digne de choifir , je lui en ai laiffé la liberté. Ma maifon s'eft ouverte à tous ceux qui pouvoient afpirer à votre main. Tous fe font déclarés,
& vous qui jouiffez de ma confiance & de mon eftime, Lucile vous ne me dites rien.

LUCILE.

Ofer me décider fur un choix qu'il n'appartient qu'à vous de faire, mon pere, trop de regrets fuivroient mon imprudence. Cette liberté m'eft à charge. Je m'égare, je me perds dans l'examen des hommes répandus dans la fociété, & jugeant trop févérement les perfonnes que vous adoptez peut-être, je préfére l'obéiffance. C'eft la vertu de mon fexe; & elle convient parfaitement à ma fituation. Comment votre fille ne pourroit-elle pas aimer celui que vous aurez choifi pour fils? Nommez-le feulement, je lui trouverai des vertus.

M. DABELLE.

Aucun n'eft adopté; non, crois-en ton pere. Si j'écoutois mon cœur, tremblant, irréfolu, je n'oferois jamais prononcer fon nom. Je ferois plus févere que toi-même, & la tendreffe d'un pere furpafferoit encore ta délicateffe. Je ne vois que trop combien les mœurs, de jour en jour plus corrompues, rendent le plus heureux des liens, le plus difficile à former ; mais enfin il eft un terme pour fe décider. Ne point trouver d'hommes avec qui tu cruffes pouvoir paffer ta vie, ce feroit faire un outrage à la fociété. Le jeune homme que tu aimeras, fut-il fans vertus, ne vivra pas long tems avec toi fans les connoître.

LUCILE.

Mon pere, épargnez votre fille ; vos louanges l'ont fait rougir.

M. DABELLE.

C'eft par elles que je t'encourage à t'en rendre encore plus digne. Lucile, quand je te loue d'avance de faire le bonheur d'un honnête homme, c'eft

que je fuis fûr que tu le feras. Le rang & les richeffes
font à tes yeux comme aux miens de futiles chime-
res. Tu n'écouteras que la voix de ton cœur. Parle,
j'attends ton aveu.

L U C I L E *avec embarras.*

Eh bien je dompte ma timidité. Nommez - moi
donc ceux qui fe font déclarés. Si quelqu'un d'en-
tr'eux peut me décider, je...

M. D A B E L L E.

Mais perfonne n'ignore ce qui attire ici Dorimon, le jeune Voclair. Madame Defmare vient tous
les jours pour fon fils; M. Verfal & le Confeiller fe
fuivent d'affez près. Ils t'ont donné tout le loifir de
les connoître, & chacun demande la préférence.

L U C I L E.

Puis-je parler hardiment fur leur compte?

M. D A B E L L E.

Il le faut, ma fille.

L U C I L E.

Eh bien, je ne vois dans aucun d'eux celui que je
nommerai mon époux. M. Dorimon fe déguife trop
à mes yeux. On voit qu'il tremble de fe montrer tel
qu'il eft. Il me femble appercevoir en lui un caractère qu'il n'eft pas facile d'approfondir, & je redoute
un homme impénétrable. Pour le jeune Voclair, il
eft tout fuperficiel. Il ne m'a pas encore dit un mot
qui ferve à me prouver qu'il puiffe penfer. Le fils
de Madame Defmare eft un homme trop indécis pour
que je penche jamais en fa faveur. Je l'ai vu dans une
heure changer trente fois d'avis au gré de ceux qui
fe jouoient de fa volonté. Le Confeiller a eu le malheur

de se voir trop jeune en place ; il n'a rien appris ; il tranche, décide, & se croit juge né de l'Univers : je l'ai trouvé trop grave pour de petites choses, & trop inconséquent pour des affaires où l'intérêt général se trouvoit compromis. Quant à M. Versal, il ne m'a fait jusqu'ici sa cour qu'en paroissant sous un habit plus élégant que celui de la veille ; il semble n'exister que par ses belles dentelles & par les fleurs de sa veste. Enfin j'ai beau vouloir trouver un mérite qui m'attache, je ne vois autour de moi qu'un éclat emprunté. Est-ce ma faute si vous m'avez rendue si difficile. Celui qui vous appellera son pere ne doit-il pas posséder quelqu'une de vos qualités.

M. DABELLE.

Peut-être y suis-je, le Comte de Stal ; qu'en penses-tu ?

LUCILE *avec étonnement.*

Le Comte, mon pere !

M. DABELLE, *en souriant.*

Voici sa lettre, vous me dicterez la réponse. (*Lucile reçoit la lettre & la lit.*) Mais dis-moi tout de suite si c'est lui. Devenir Comtesse est un appas à faire tourner une tête !

LUCILE, *avec noblesse.*

Heureusement, tout ce clinquant ne m'éblouït pas. Je me représente le Comte dépouillé de ses titres & de ses biens. Je ne vois pas qu'il mérite de l'emporter sur ses rivaux. Je ne l'aime point.

M. DABELLE.

Et tu n'aimerois personne ?

LUCILE, *héfitant.*

Non, mon pere.

M. DABELLE, *d'un ton affe&ueux & ferme.*

Lucile! me parlez-vous vrai ?

LUCILE.

Vous me preffez … Vous m'arrachez un fecret …
Mais comment réfifter à l'afcendant de vos bontés ?…
Comment vous taire … Il faut vous obéir.

M. DABELLE.

S'il eft des fecrets que tu ne puiffes épancher dans
le fein d'un pere qui te traite en ami , je ne demande
plus rien.

LUCILE, *avec tendreffe.*

Je n'aurai jamais d'autre confident que vous. Vous
me guiderez, vous me confolerez …Je crains d'aimer … Je crois que j'aime … Je fais un effort fur
moi-meme, c'eft le plus grand , fans doute …Mais
du moins n'oubliés pas …

M. DABELLE.

Eh , ma fille, méconnoîtrois-tu ton pere ?

LUCILE.

Le cœur me bat : pourquoi donc fuis-je fi trem-
blante ?

SCENE III.

M. DABELLE, LUCILE, BONNEMER.

(Bonnemer est entré à pas lents, le front baissé, les bras croisés).

M. DABELLE.

VOICI Bonnemer. (*à part.*) Il paroît affligé. (*haut.*) Qu'avez-vous mon ami ? . . Vous me paroissez tout troublé. Puis-je savoir quel chagrin ?..

BONNEMER, *d'un ton triste.*

'Ah ! Monsieur, on est bien trompé dans ce monde. Il faut renoncer désormais au doux plaisir de la confiance. Tel qui porte une phisionomie honnête porte une phisionomie menteuse. Dans ce siécle la jeunesse est impénétrable. Cette Ville malheureuse est si propre à favoriser, à entretenir ses désordres. Qui l'eut dit ? . . Jenneval . . . Malheureux jeune-homme !

M. DABELLE *surpris.*

Eh bien Jenneval ? (*à sa fille qui fait un mouvement pour se retirer*). Demeurez ma fille, nous devons reprendre notre entretien.

BONNEMER.

Monsieur, j'ai connu son pere. Nous fumes amis trente ans. Il mourut dans mes bras. Il m'a recommandé son fils en expirant. Veillés sur lui, me dit-il, guidez sa jeunesse ; il sera susceptible de gran-

des paffions ; préfervez-le des malheurs qu'elles enfantent. Se pourroit-il qu'une fource auffi pure fe fût
corrompue , qu'il eut dégéneré de ce fang vertueux!..
Il paroiffoit fi fage, fi rangé !.. Non, c'eft une chofe
qui me paffe encore . . . Malheureux Jenneval!

LUCILE à part.

O Ciel! Que va-t-il annoncer?

M. DABELLE.

Eh bien , qu'a-t-il fait Jenneval ? Poffedez-vous.

BONNEMER.

Ah , vous allez être pénétré de douleur. Ce jeune-
homme dont vous m'avez vu l'ami fi zélé, n'eft plus
digne de mon amitié. Il m'a trahi.

M. DABELLE.

Comment ?

BONNEMER.

Je l'avois chargé d'aller recevoir cette lettre de
change que je dois rembourfer demain en votre nom.
Eh bien Monfieur , j'ai des nouvelles pofitives qu'il
a reçu l'argent, & depuis ce jour je ne l'ai point revu.

LUCILE à part.

Malheureufe ! cache ton trouble.

M. DABELLE froidement.

Mais ne m'avez-vous pas dit qu'il étoit à la Campagne, chez fon oncle depuis quatre jours ?

BONNEMER.

Et voilà ma faute. J'ai voulu cacher quelque-tems
la fienne. J'ai déguifé la trifte vérité pour lui donner le tems du repentir. C'eft moi qui ai introduit

Jenneval dans cette respectable maison, l'asyle des
vertus. Il obtint votre estime, je voulois la lui conserver; mais hélas ! c'est un jeune homme perdu. Qu'il me
cause de chagrin ! Que je voudrois faire revenir ce
tems heureux où dans l'âge de l'innocence, il n'é-
coutoit que ma voix ! J'ai cru que la seule idée de
mes inquiétudes le rameneroit vers moi ; mais on l'a
vu promener ses pas dans une de ces maisons écar-
tées, où la débauche sans doute entretient ses tristes
victimes. Jugez si je dois encore l'adopter pour mon
ami, & si je n'ai pas des larmes à verser sur cette ame
honnête qu'un moment a corrompue. Je reculois toujours, enfin il a bien fallu vous tout avouer.

m. D A B E L L E.

Ce que vous venez de m'apprendre m'étonne &
m'afflige. Je lui ai connu de la droiture, des mœurs ;
cette action est bien contraire à son penchant naturel ; mais la fougue, l'emportement, la jeunesse,
l'exemple... On l'aura séduit, mon cher Bonnemer,
on l'aura séduit. Vous avez besoin de courage & de
vigilance. Agissez, mais prudemment ; taisés cette
avanture. Un mot prononcé dans la premiere chaleur du ressentiment a fait quelquefois un tort irré-
parable ; deux mille écus ne font rien, mais perdre
un cœur sensible & bien né, voilà ce qu'il est im-
portant de prévenir. Souvent une imprudence a reçu
dans la bouche de la malignité tous les caracteres
du crime, & l'on a flétri pour le reste de ses jours
un homme vertueux, mais faible. Tout en l'obser-
vant ayez l'air de vous reposer de sa conduite sur
lui-même, marquez-lui encore de l'estime ; c'est un
bon moyen pour éloigner les cœurs bien faits de ce

qui pourroit les en rendre indignes ; s'il revient repentant , il aura toujours les mêmes droits fur mon
cœur . . . Courez , arrachez-le au vice , il reconnoî-
tra votre voix , il fentira le remords & nous le re-
trouverons tel que je l'ai connu.

BONNEMER , *en regardant Lucile.*

Ah ! Mademoifelle, quel pere , & pour moi quel
ami ! (*à* M. *Dabelle*) Votre générofité réveille la
mienne. La pitié fuccéde à mon indignation. Comment ne ferois-je point indulgent ; c'eft vous qui m'en
donnez l'exemple.

M. DABELLE,

Les momens font chers. Prévenez les progrès ra-
pides de la corruption ; mais couvrez fa faute du
voile le plus fecret. Faites lui même entendre que
je n'ai rien appris. Que la honte s'éveille dans fon
ame fans qu'il connoiffe l'affront ; car quiconque fe
voit une fois avili n'a plus le courage de rentrer
dans le fentier de la vertu.

BONNEMER.

Ah ! Que ne peut-il vous entendre !

SCENE

S C E N E   IV.

M. DABELLE, LUCILE.

M. DABELLE.

MA fille, cet honnête-homme nous a troublés...;
Mais tu pleures, tu t'attendris fur cet infortuné qui s'égare... Va, il peut fe relever de fa chute
& tirer un plus grand éclat de fa faute même....
J'ai vu tes larmes, embraffe-moi, & furtout ne me
déguife plus rien.

LUCILE.

J'étois prête à céder à vos inftances mon pere.
Imprudente ! j'aurois prononcé peut-être un nom qui
l'inftant d'après m'eut fait rougir... Non, fouffrés
que je vous rende le droit qui vous appartient ; eft-ce
à moi de choifir quand vous-même êtes embarraffé...
Que d'exemples effrayans pour une fille craintive !..
Vous le voyez, Jenneval & tant d'autres dont la
conduite paroiffoit exempte de blâme... La jeuneffe
fe corrompt de plus en plus ; & comme vous le difiez
il y a un inftant, le mariage dans ce fiécle, eft un
nœud trop dangereux à former ... Laiffez-moi toujours vivre auprès de vous. Je vous en conjure au
nom de vos bontés... Croyez que le plaifir de vivre
avec un pere peut balancer celui d'avoir un époux.
Pourquoi tant craindre d'un avenir dont le ciel pren-
dra foin ?

M. DABELLE.

J'interprête ton filence, ma chere fille, il m'inté-

B

reſſe, il me touche.., Va, mon enfant, je ſai qu'il
eſt un âge, qu'il eſt des paſſions ... Mais elles ne
ſeront pas plus fortes que l'amitié, que les principes d'honneur, que la vertu ... Calme-toi.

LUCILE.

Pardonnez à votre fille...

UN DOMESTIQUE, *entre.*

Monſieur, M. Jenneval demande à vous parler
en particulier.

LUCILE, *à part.*

Je ne ſupporterai jamais ſa vue ... Ah mon pere,
ſouffrez que je me retire.

M. DABELLE.

Allez, ma fille.

LUCILE, *fait deux ou trois pas & revenant elle dit.*

Cependant ſi vous étiez faché contre moi, j'aimerois
mieux vous dire tout.

M. DABELLE.

Va, mon enfant, ton cœur ne peut être longtems
à mes yeux une énigme difficile. (*ſeul.*) En croirai-
je mes ſoupçons ! Ciel ! change ſon cœur, ou du
moins rends digne du ſien le cœur qui s'eſt égaré.

S C E N E   V.

m. DABELLE, JENNEVAL.

JENNEVAL, *entre en regardant s'ils font feuls.*

MONSIEUR, j'ai long-tems balancé la démarche que je viens faire... Je marche en tremblant, je parcours avec effroi cette maifon qui m'eft fi connue... Coupable, je n'ofe lever les yeux vers vous... Ah Dieu qu'il eft cruel de porter la confufion fur le front & le remords dans le cœur ... J'ai été un ingrat, j'ai trahi la confiance d'un bienfaiteur, j'ai mis votre ami, le mien, dans le plus cruel embarras. Plaignez-moi, plaignez un malheureux jeune-homme qui chérit l'honneur & qui a fait une action déshonorante. Mais quelque étonnante que vous paroiffe ma conduite, je ne puis accufer ici l'emploi que j'ai fait de cette fomme, je la dois, c'eft une dette facrée ; c'eft la premiere fans doute que j'acquiterai... permettez qu'à l'inftant même je vous offre des engagemens...

m. DABELLE.

Quels font ces engagemens, Monfieur ?

JENNEVAL.

De vous figner une obligation dont vous me dicterez la forme, je fuis encore en tutelle, mais bientôt j'efpere...

m. DABELLE.

Jenneval, répondez moi, & ofez me regarder.

Quelque affaire fecrette ; quelque accident imprévu vous auroit-il forcé à détourner le dépot qui vous étoit confié ?

JENNEVAL.

Rougirois-je devant vous fi je n'étois que malheureux ; viendrois-je le front baiffé fubir l'affront?.. Vous me pardonneriez Monfieur, que je ne me pardonnerois pas à moi-même. Je pourrois inventer ici quelque excufe pour colorer ma baffeffe ; mais ma bouche ne fait point proferer un menfonge... N'attendez de moi aucun autre aveu. Dans un trouble inexprimable & nouveau pour mon cœur, je me trouve emporté malgré moi ; voilà tout ce que je puis vous dire.

M. DABELLE.

Emporté malgré vous, foible jeune-homme ! Vous le croyez... Ajoutés un pas de plus à la démarche que vous venez de faire & je vous réponds de l'eftime univerfelle. Votre fenfibilité a befoin d'un frein puiffant qui la reprime. Si les paffions nous égarent, la voix d'un ami peut nous remettre dans le fentier que notre aveuglement abandonnoit. Il peut nous guérir, nous confoler... ma maifon eft toujours à vous, cher Jenneval, demeurez-y, & puiffe l'air qu'on y refpire faire rentrer dans votre ame le calme & la tranquillité de la raifon.

JENNEVAL, *du ton le plus touché.*

Je me fens indigne de l'habiter déformais. Je ne fuis pas né pour ce paifible azile. Son fouvenir ne me quittera point, mais il fera toujours comme un poids accablant qui pefera fur mon cœur... Par pitié oubliez moi... Ne me laiffez pas voir tant de bonté, faites plutôt éclater votre indignation...Abandonnez un homme qui s'est avili, & ne songez qu'à ce qu'il vous doit.

m. D A B E L L E.

Ce que vous me devez n'est rien en comparaison de ce que vous vous devez à vous même ... Vous parlez d'engagemens ... Si vous ignorés ceux que vous avez contractés avec moi, malheur à vous ; votre dette ne s'acquitera jamais ; vous avez de la grandeur d'ame , ne la poussez point jusqu'à l'orgueil. La vertu n'est pas bornée à ne commettre aucune faute , mais à réparer celles qu'on a commises. Consultez l'honneur & vos devoirs & venez me parler ensuite ... Vous ne m'avez vu ni chagrin ni severe ; si votre cœur s'obstine à vouloir conserver des secrets aussi mistérieux que les vôtres ... Vous les garderez , Monsieur. (*Il fait quelques pas pour s'en aller & revient en disant.*) Jenneval, écoutez. Vous n'avez rien perdu de mon estime & de mon amitié ; je vous le répete. Attendez ici Bonnemer ; un jeune-homme comme vous , jetté dans le tourbillon du monde & des séductions , a besoin d'un ami sage & prudent & je me plais à penser que vous mérités encore d'avoir un tel ami.

S C E N E   VI.

J E N N E V A L, *ſeul.*

J'É T O I S prêt de tomber à ſes pieds. Qui m'ar-
rêtoit?.. Roſalie , Roſalie , laiſſe-moi reſpirer.
Tu maîtriſes tout mon être. Tout ce qui n'eſt pas
toi n'a plus d'empire ſur mon ame ... Cruelle tu ſem-
blois me promettre le bonheur ... Hélas ! au lieu
de te rendre heureuſe, je me perds avec toi ; c'eſt
pour toi ſeule que j'aſpire à des biens dont je ſavois
me paſſer ... Que le ſéjour de cette maiſon me paroit
tranquille !.. Où eſt le tems que je pouvois l'habiter
ſans rougir ?.. Où retrouver ce calme délicieux qui
m'accompagnoit près de Lucile ?.. Quel doux ſentiment me faiſoit treſſaillir à l'aſpect de ſon pere ?..
Je le regardois déja comme le mien ... Sa candeur,
ſes vertus ... Ai-je oublié juſqu'à ſa tendreſſe ? Roſalie , Roſalie , ah , pourquoi l'amour que tu m'inſpire
m'emporte-t-il tout-à-coup ſi loin de mes devoirs ?..
Lucile ne m'a jamais rendu coupable.. Fuyons ces
lieux où chaque objet me fait un reproche ... Souveraine de mon cœur, l'aſcendant de tes charmes
m'entraine ... Je ne puis te réſiſter ... diſpoſe de
mes jours ... Heureux ou malheureux mon ſort eſt
de vivre à tes genoux.

Fin du premier Acte.

ACTE II.

La Scène repréſente l'appartement de Roſalie. L'ameublement eſt neuf. Une toilette eſt toute dreſſée : Roſalie eſt dans un déshabillé élégant.

SCENE PREMIERE.

ROSALIE, JUSTINE.

ROSALIE, *en ſe regardant dans le miroir.*

COMMENT me trouves-tu ce matin ? J'ai peu dormi, mes yeux ont, je crois, perdu quelque choſe de leur vivacité.

JUSTINE.

Oh, je vous conſeille de vous plaindre. Jamais vos grands yeux noirs n'ont été plus doux & plus brillans, & je ne ſai quel air de tendreſſe répandu ſur votre phiſionomie la rend charmante, & votre ſourire... Vos yeux font tout ce qu'ils veulent faire... Hier encore, Jenneval les conttemploit avec un tranſport ſi vrai & toujours ſi nouveau que je prenois du plaiſir à le conſiderer dans l'extaſe de l'amour.

ROSALIE.

De ſorte que Jenneval te paroit toujours beaucoup amoureux de moi ?

B iv

JUSTINE.

A mesure qu'ils jouissoient, ses regards devenoient plus avides ; ce jeune-homme brûle d'une flâmme bien sincere.

ROSALIE.

Il est aimable, je l'avoue ; mais il a un défaut.

JUSTINE.

Lequel, s'il vous plait ?

ROSALIE.

Mais c'est de n'avoir pas seulement dix mille écus de rente. Il a le cœur tout neuf & l'esprit romanesque. J'ai soin d'entretenir cette ardeur respectueuse. Il est homme à grands sentimens, & rien n'est assurément plus étrange dans le siécle où nous vivons. Il ne manque point d'esprit, mais il est ombrageux, timide, indécis, quoique d'un caractère sensible. Cependant il est héritier d'une assez grosse fortune, il est docile à ma voix, il m'idolâtre. Allons, toute réfléxion faite, je dois vivre avec lui.

JUSTINE.

Vous avez raison. Avec votre esprit & votre beauté que chacun admire, profités de vos jours brillans pour vous assurer un jeune-homme libéral & passionné. Que mon exemple vous serve de leçon. Une maladie de six mois m'a volé tous mes attraits & avec eux mes plaisirs & ma fortune. Autrefois l'on me servoit, & ce m'est un bonheur aujourd'hui de vous servir.

ROSALIE.

Va, les hommes sont nos plus grands ennemis. Leurs soins sont intéressés & barbares, ils sont tous ingrats

& ils ofent encore nous méprifer ; une guerre fecrette regne entre nos deux fexes, ce font des tyrans qui veulent nous ployer fous leur joug, mais plus foibles nous devons avoir recours à l'artifice, & paroitre le contraire de ce que nous fommes ; ainfi nous nous vengeons ... Puifque je maitrife Jenneval, je puis efpérer qu'enfin ... Oui, de la referve fans dureté, quelques nuances fines d'amour, mais fans foibleffe ; voilà tout ce qu'il faut pour le foumettre ... Mais il y a une heure que je devrois être en état de paroitre ... Quand Jenneval viendra, qu'on l'anonce... Enfin, voici Brigard ... Allez .. (*Juftine fort.*)

S C E N E II.

ROSALIE, BRIGARD.

(*Il doit avoir l'air d'un homme qui a paffé la nuit.*)

BRIGARD.

J'A U R O I S donné cette nuit ma vie pour une obole. J'ai joué d'un malheur effroyable ; j'ai perdu tout ce qu'on pouvoit perdre ... J'ai du noir dans l'ame.

R O S A L I E, *avec familiarité.*

Libertin ! Tu n'es donc pas trop fatisfait de ta journée ? Et depuis as-tu été aux informations ?

BRIGARD.

Oh, je n'y ai point manqué. Jenneval n'eft point riche par lui-même comme tu l'as fort bien deviné ; mais il a un oncle opulent dont il eft l'unique héritier. Le jeune-homme eſt encore ſous la tutelle de cet oncle qui vit à la campagne à quatre lieues d'ici. On me l'a peint comme un homme fort bizarre, dur . . .

ROSALIE.

Cet oncle eſt donc bien riche?

BRIGARD.

Oui; de plus avare.

ROSALIE.

Et combien de tems peut-il vivre encore?

BRIGARD.

Mais dix à douze années. Il peut pouſſerjuſques-là.

ROSALIE.

Dix à douze années! O ciel!

SCENE III.

ROSALIE, BRIGARD, JUSTINE.

JUSTINE.

Monsieur Jenneval, Mademoiſelle.

ROSALIE, *à Brigard.*

Vite, paſſe de l'autre côté.

BRIGARD, *en s'en allant.*

Au revoir.

SCENE IV.

ROSALIE, JENNEVAL, JUSTINE.

(Rosalie prend un air riant & agréable. Jenneval la salue, la regarde tendrement & lui baise la main.

JENNEVAL.

AH! chere Rosalie, je ne trouve qu'ici le bonheur & la joye... Non, jamais je n'ai eu plus de besoin de me trouver auprès de vous.

ROSALIE.

Mon cher Jenneval, qu'avez-vous ? Et que vous seroit-il arrivé ?

JENNEVAL.

Rien que je n'euffe dû prévenir... Rosalie, je voudrois être seul un moment avec vous.

(Rosalie fait un figne à Justine qui sort, & fait asseoir Jenneval à coté d'elle. Jenneval continue.)

Me croirez-vous, chere Rosalie. Je vous répete que je vous aime, je vous le dis du fond de l'ame , & je venois dans le deffein de rompre avec vous pour jamais.

ROSALIE.

Avec moi, ciel ! Comment ?

JENNEVAL.

Mon cœur eft fur mes levres. Chere Rosalie, retenez vos larmes... Ecoutez-moi... Je ne puis parler.

ROSALIE.

Vous m'étonnés, vous m'inquiétés ... Jenneval
que voulez-vous dire ?

JENNEVAL.

Que je fuis un malheureux indigne de vous & de
l'eftime des hommes ... Vous allez rougir de m'entendre ... Mais avant que l'aveu échape de ma bouche, dites, m'aimez-vous, Rofalie ? Si vous ne
m'aimés pas avec paffion je fuis perdu.

ROSALIE.

Pouvez-vous infulter à ma tendreffe par un fem-
blable doute ? Ah ! Jenneval fi j'ai évité quelque
fois vos regards, vos tranfports, c'eft qu'un cœur
tendre a befoin du fecours d'une vertu fiere. Le ciel
en me donnant la fenfibilité, m'a fait là un préfent
bien dangereux ... Oui, vous êtes un ingrat, fi vous
penfés ce que vous dites.

JENNEVAL.

Je ne doute plus de votre amour, mais puifque ce
cœur eft à moi, il me pardonnera ... Je ne dois
plus héfiter ... Lorfque je vous vis pour la premiere
fois, Rofalie, ce fut de ce moment que je fentis la
douleur de n'être pas né riche. Cependant n'écoutant
que cet amour dont vous daignés m'affurer encore,
vous vites en moi feul l'heureux mortel à qui vous
accordates votre confiance. Mon bonheur eut été
parfait fi ma fortune préfente eut répondu à mes defirs. Je n'eus jamais la force de vous avouer que mes
moyens étoient au-deffous de ce que vous pouviez
attendre ; mais ne pouvant en même-tems vous voir
former d'inutiles fouhaits, j'ai tout tenté pour vous

prouver mon amour ; je fuis loin de vanter mon zele ; que dis-je ? C'eſt à vos pieds que je viens rougir de m'être deshonnoré ; je vais perdre votre eſtime, mais ſouvenez-vous que ſans l'amour le plus extrême, je ſerois encore innocent.

ROSALIE.

Et de quel crime êtes-vous donc coupable?

JENNEVAL.

J'ai trahi la confiance d'un homme reſpectable que je n'oſe plus nommer mon ami ... Ces deux mille écus que je remis entre vos mains, il y a huit jours tant pour fournir à cet ameublement qu'à notre dépenſe ; cet argent n'étoit point à moi ... J'ai tâché de dérober juſqu'ici à vos yeux les remords qui me tourmentoient .. J'ai des eſpérances ; mais pour le moment je me trouve ſous la loi d'un tuteur ... Eſt-ce aſſez m'humilier à vos yeux ?.. A préſent oſez me répondre, m'aimez-vous encore ?

ROSALIE.

Vous croyés donc que c'étoient ces richeſſes qui m'attachoient à vous ... Vous me faiſiez cette injure, vous Jenneval ! Ah reprenez vos dons. Si je les ai acceptés, c'eſt parce que c'étoit votre main qui me les offroit. Je n'ai point eu cette fauſſe délicateſſe qui tient à l'orgueil ou à l'indifférence. Je n'ai point rougi de tout partager avec celui à qui j'avois donné mon cœur ... Oui, je ſuis piquée, mais c'eſt de votre défiance. Pourquoi ne m'avez-vous pas parlé avant de commettre une telle imprudence, je vous l'aurois épargnée ... Je vous aime toujours Jenneval, ouvrez moi votre cœur : quels ſont aujourd'hui vos deſſeins ?

JENNEVAL.

Sans cet aveu qui me charme & qui me rend pour
toujours à vous, j'allois fuir pour ne reparoître jamais
à votre vue. Pardonnez , je vois que vous ne m'ai-
mez que pour moi … Je fors de chez ce digne homme
que j'ai trompé. Guidé par le repentir , je me fuis
offert à toute l'indignation que je meritois. Il m'a
parlé avec bonté & j'ai mieux apperçu toute la honte
qui m'environnoit. Je ne puis la fupporter plus longtems. (*avec feu.*) Je fuis fûr de toute ta tendreffe,
chere Rofalie … Eh bien ayons ce courage que l'a-
mour infpire. Que l'amour nous tienne lieu de richeffes coupables … Eft-il de plus doux plaifir que
la paix de l'ame ? Allons habiter un fimple réduit
où nous gouterons le bonheur fans remords. Qu'importe un féjour moins brillant à deux cœurs qui
s'aiment ! .. Je vendrai ces meubles qui me reprochent
ma honte .. Je reftituerai la fomme que j'ai détour-
née. Un jour viendra, Rofalie , que le ciel couron-
nera notre conftance. Pour vivre obfcurs, nous n'en
vivrons pas moins heureux. Que dis-je ? Rentré en
grace avec cet ami qui m'aime & que j'eftime , je
n'aurai plus de remords & tous nos jours couleront
paifibles & fortunés.

ROSALIE.

Mon ami , vous parlés de remords , comme fi vous
étiés un grand criminel. Je vous ai écouté patiem-
ment. J'eftime la nobleffe de votre ame , mais fon
exceffive fenfibilité vous abufe. Pour avoir commis
une faute , au fond très réparable , faut-il connoitre
le défefpoir ? Vous pouffés toujours les chofes à l'extrême. Cela eft dans votre caractère , & c'eft un dé-

faut. Songeons paisiblement aux moyens d'accorder
ce que vous devez à l'honneur : mais en même tems
ce que vous vous devez à vous même pour votre propre félicité. Ne m'avez-vous pas dit que vous aviez
un oncle assez riche de qui vous attendiez un jour?..

J E N N E V A L.

Ah ! De qui me parlez-vous ? Son nom seul m'ins-
pire l'effroi. Si jamais il découvroit notre liaison , je
ne saurois comment me dérober à son ressentiment.
Homme sévere , infléxible , à force de vertus. . . . Non
Rosalie, jamais je n'aurai recours à lui, & ce qui
doit hâter encore plus une juste restitution , c'est la
crainte trop bien fondée que ma faute ne parvienne
bientot à son oreille.

R O S A L I E.

Vous ne m'avez point entendre Jenneval. De grace
n'outrés rien. Point de déclamation. Répondez moi :
a-t-on paru bien furieux contre vous chez M. Dabelle?

J E N N E V A L.

Je vous l'ai dit : on m'a reçu avec trop d'indulgence & c'est ce qui me déchire le cœur.

R O S A L I E.

Eh bien, on ne vous voit donc pas si coupable
que vous vous imaginés l'être. En homme habile ,
profités de cette bienveillance. Ne sauriez-vous prendre des arrangemens avec ces personnes qui vous
connoissent & vous estiment ? Elles n'ignorent pas
que l'héritage de votre oncle ne sauroit vous manquer. l n'est pas immortel. Un emprunt légitime
n'est défendu, ni par les loix, ni par l'honneur. Ce
conseil que je vous donne, au moins, Jenneval ,

vous le verrez par la fuite , eſt parfaitement déſin-
téreſſé. Jeune , & dans l'âge où vous devez paroître ,
laiſſerez-vous échapper ce tems heureux qui fuit &
ne revient plus. Vous ne me ferez pas l'injure de penfer que j'aye ici quelque vue d'intérêt... (*du ton le
plus tendre.*) Va, mon cher Jenneval , un réduit
obſcur , une vie ſolitaire , une chaumiere dans un
village , tout me ſera égal , pourvu que je la partage avec toi ... Je veux ton bonheur , & je t'aime
trop pour y renoncer ; mais toi , Jenneval , tu n'es pas
aſſez décidé.

JENNEVAL.

Parlez , & je vous jure de l'être.

ROSALIE.

Garde-toi donc de former le projet de vivre dans
cette médiocrité honteuſe , qui attire à coup ſûr le
ſourire du mépris. Crois-moi , je connois le monde.
Il pardonne tout hors les ridicules , & la pauvreté eſt
le plus grand à ſes yeux. Si tu ne t'y préſente pas
avec un certain éclat , mieux vaudroit n'y jamais
paroître. Le monde juge l'habit , la demeure , la dépenſe : tout cela tient à l'homme. Le monde peut
juger fauſſement , mais il juge ainſi. Uſe de toutes
les reſſources que tu peux avoir. Quelque argent
anticipé ſur tes revenus futurs , au lieu de ren-
verſer ta fortune ne peut que l'établir plus ſûre-
ment. Les gens riches ou ceux qui paroiſſent l'être ,
s'attirent les uns les autres & forment un corps
ſéparé. Un étranger n'y eſt point admis , quelque
mérite qu'il ait d'ailleurs. Il faut ſémer l'argent pour le recueillir enſuite. Sans un coup déciſif ,
Jenneval , vous ne ferez que languir , & vous per-
drez

drez avec vos plus belles années jufqu'à l'efpoir de
vous faire un état. C'eft donc une fageffe, une prudence ; je dirai plus, une économie de forcer le
crédit en cas de befoin. Mon bon ami, il n'y a donc
qu'une terreur enfantine, ou une inexpérience ab-
folue qui ait pu vous empêcher jufqu'ici d'avoir
recours à ces moyens utiles. Je ne vous prefcris point
la prodigalité. Je defire feulement que vous vous
mettiez en état de vous faire honneur de ce qui vous
appartient. Si vous avez des amis, leur bourfe doit
vous être ouverte. On s'intrigue, on s'arrange. On
trouve un peu d'un côté, un peu de l'autre. Un
jour vient qui paye le tout. Que dis-je ? Le jour
où vous fortirez de tutelle n'eft pas fi éloigné. La
nation eft partagée en deux portions. En gens qui
prêtent & en gens qui empruntent. Pourquoi rou-
giriez-vous de faire ce que fait la moitié du monde ?

J E N N E V A L.

Je fens la force de vos raifons. Mais, foit igno-
rance, foit timidité, foit répugnance fecrette, mon
cœur a toujours héfité.

R O S A L I E.

Si vous m'euffiez parlé plutôt, au lieu de commettre une telle étourderie, j'aurois pu vous indi-
quer. . . .

J E N N E V A L.

Se peut-il ? J'oferois efperer . . .

R O S A L I E.

Je veux vous laiffer un peu de regret d'avoir manqué de confiance envers moi, de ne m'avoir pas ouvert

C

votre ame ; d'avoir pu faire un feul pas, fans en faire
part à celle qui vous aime, à celle qui ne reflé-
chit que pour vous rendre libre & heureux.

JENNEVAL.

Ah divine Rofalie !.. Pardonnez ...

SCENE V.

ROSALIE, JENNEVAL, JUSTINE.

JUSTINE.

MADEMOISELLE, une perfonne demande
M. Jenneval , & s'obftine à vouloir lui parler.

ROSALIE.

Mais avez-vous dit qu'il n'étoit point ici ? ...
Ne laiffez point entrer.

JENNEVAL, *furpris.*

Qui viendroit ? Et d'où pourroit-on favoir ? ...
Mais j'entends fa voix ... O Ciel ! c'eft Bonnemer,
c'eft mon ami ... Non je ne puis... Il faut que je
l'entende...

ROSALIE, *d'un ton artificieux.*

Il eft trop jufte ... Nous nous reverrons , mon
cher Jenneval.

(*Rofalie fe retire dans un Cabinet voifin*).

SCENE VI.

BONNEMER, JENNEVAL.

BONNEMER, *derriere le Théatre.*

IL eſt ici, vous dis-je,.... Je le ſçais..... Je veux lui parler....J'entrerai...(*avec exclamation*). Ah, cruel ami, que vous me donnez de peine !.. Etes-vous bien réſolu à déſoler tous ceux qui vous connoiſſent ?.. Jenneval, cher Jenneval, pourquoi n'êtes-vous pas déja dans mes bras?

JENNEVAL.

C'eſt que je me rends juſtice... Mes peines ſont pour moi... Laiſſez-moi, de grace... Votre préſence me fait trop ſouffrir... Un jour nous pourrons nous revoir... Mais pour aujourd'hui, je vous le dis ſans détour, je ne veux entendre ni reproche ni conſeil.

BONNEMER.

Ami aveugle, mon amitié t'importune! Tremble à la vue du précipice, lorſque ma main vient t'arrêter ſur le bord. Voilà donc pour qui tu t'égares, pour qui tu abandonnes ceux qui te furent ſi chers! c'eſt pour une femme mépriſable....

JENNEVAL.

Arrêtez Bonnemer, n'inſultez pas à l'objet que j'aime. Si vous venez ici pour l'outrager, je conſens plutôt à ne plus vous voir.

C ij

BONNEMER.

Je fortirai, jeune infenfé. J'abandonnerai mon ami, puifqu'il le veut. Je retournerai fans lui chez le généreux Dabelle, chez ce perc refpectable qui t'aime, qui te plaint, qui t'attend, qui, à l'exemple de fa fille, verfera plus d'une larme, en apprenant que tu rejettes jufqu'aux foins de l'amitié. Adieu, embraffe-moi du moins pour la derniere fois.

JENNEVAL *ému, & lui prenant la main.*

Non... Demeurez un inftant.

BONNEMER *avec le cri de l'ame.*

Eh j'ai perdu ton cœur, ta confiance. Tu t'es caché de moi, & ce fut-là l'origine de tes défordres. Ta folle paffion t'expofe à de plus grandes fautes encore que celles que tu as commifes. Je fuis toujours le même; & toi, Jenneval, qu'es-tu devenu? Pourquoi ton cœur eft il changé? Dis-moi donc qu'eft devenu mon ami?

JENNEVAL.

Ah! fi tu l'es, dépofe donc cette âpre auftérité, qui condamne toujours & qui ne veut rien fentir. Tu ne connois pas celle que j'adore; fi tu l'avois vue... Tu fais que dans cette honorable maifon, où l'on ne m'a que trop bien reçu à ta recommandation, je pouvois être le plus heureux des hommes. Les graces, les vertus, les charmes de Lucile, m'attacherent à tous fes pas. Si ce n'étoient point des defirs auffi brulans que ceux qui me confument, c'étoit du refpect, de la confiance, de l'amitié, une admiration tendre & refpectueufe, une forte de confiance douce & attrayante... Je croyois l'aimer... Mais que depuis un mois j'ai fenti la différence de ce tendre intérêt qu'infpire la douceur , & de ce feu tumultueux qu'allume la beauté ! As-tu connu cet afcendant impérieux ? Dès l'inftant que j'apperçus Rofalie je reçus un nouvel être … Il falloit mourir ou tomber à fes genoux , j'y tombai & je ne vis p'us qu'elle dans l'univers, & la vie ne me parut un bienfait des cieux que parce que déformais je pouvois en confacrer tous les inftans fous fes yeux... Je t'ai fui dans ces momens; craignant d'être guéri , redoutant tes confeils ... Je les redoute encore ... Ne me force pas à devenir plus coupable ... Furieux que je fuis, je facrifierois l'amitié même à l'amour. Pardonne, je t'ouvre mon cœur. Il eft en proie aux tranfports les plus violents ... Eh pourquoi tant déclamer contre un tel penchant ? Il fuffit d'abandonner un amant malheureux aux tourmens fecrets qui le tyrannifent. ... Cher Bonnemer, je crois cependant que je ferois fortuné fi je jouiffois des biens que la providence m'a accordés. Je les partagerois avec l'objet qui me fait chérir l'exiftence , mais un oncle en me refufant ce que j'avois droit d'attendre a été le premier auteur de ma faute... Tu connois fon humeur intraitable ... Je ne lui expoferai point des befoins qu'il ne comprendroit pas. Les plus chers fentimens de mon cœur font oppreffés fous fa tirannie ... O, mon ami, j'ai voulu être libre en aimant, & je fens que la main de la néceffité m'a chargé de chaînes encore plus péfantes.

B O N N E M E R.

Cette paffion , fondée fur les fens, ne te caufera que du trouble & du défefpoir. Crois-moi, Jenneval , il ne tient qu'à toi de brifer tes liens ; le veux-tu ?

JENNEVAL.

Que tu connois peu l'amour, si tu penses qu'on puisse ainsi l'assujettir! Moi! que je renonce au plaisir d'être aimé... Ah!.. Il est trop fait pour ce cœur tendre & qui le goute pour la premiere fois... Un orage violent s'est élevé dans mon ame, & malgré mes combats, ma honte & ta douleur, jamais je n'ai senti si vivement l'avantage d'être né sensible. Crois-moi, il est affreux de vivre sans aimer, & lorsque notre cœur rencontre l'objet heureux qui le captive, ami, c'est le Ciel qui l'amene sous nos regards pour achever notre bonheur. Nous y refuser n'est plus alors en notre pouvoir?

BONNEMER.

Ce n'est point le sentiment de l'amour qui est criminel, c'est l'objet que tu as choisi... Ah! Si Lucile avoit fixé ton choix, tous les cœurs y auroient applaudis. Ta félicité seroit pure, aucun nuage ne la troubleroit. Au plaisir que donne l'amour, se joindroit celui de l'approbation publique. Elle est nécessaire, elle complette le sentiment du bonheur. Qu'il est triste d'être obligé de justifier son penchant sans pouvoir espérer qu'on nous le pardonne!

JENNEVAL.

Que m'importe l'opinion publique! elle est injuste. Je n'écouterai que la voix qui commande au fond de mon cœur; elle me parle, elle me rassure; elle me dicte de nouveaux devoirs... J'aime... Si je pouvois disposer de ma main, j'irois de ce pas la lui assurer solemnellement aux pieds des Autels... Il faut que des nœuds éternels nous enchaînent l'un à l'autre... Je ne serai heureux que lorsque je pourrai l'avouër & la montrer à tous les yeux, portant mon nom & possédant mon cœur. Mais tu sais que la mort d'un pere m'a donné un maître despotique. Il me reste un ami, l'aurai-je encore longtems?

BONNEMER.

Il te restera malgré toi, infortuné Jenneval. Pourrois-je t'abandonner dans l'égarement où ton inexpérience t'entraîne? Ton cœur est encore honnête, quoique livré au désordre; mais prends garde, la contagion du vice t'approche de près, elle flétrira bientôt tes mœurs aimables. Alors tu deviendras vil, alors tu ne seras plus mon ami... Ha, crédule jeune-homme! ce n'est point ici où demeure celle avec qui tu dois passer ta vie... Elevé dans les bras d'une facile confiance, tu ignores les artifices d'une femme perdue, tu n'apperçois point les piéges qu'elle multiplie sous tes pas.

JENNEVAL.

Tu n'imagines pas, Bonnemer, à quel point tu m'affliges. Je ne t'avois jamais vu injuste. Que t'a fait Rosalie? Que tu la condamnes légerement!.. Va, crois-moi, sans sa vertu..

BONNEMER.

Sa vertu!

JENNEVAL.

Oui, son ame est remplie de délicatesse... C'est sa vertu qui me rend malheureux... Ses graces & sa franchise temperent seules la sévérité de sa réserve... (avec chaleur.) Mais il n'y a personne au monde qui puisse savoir cela mieux que moi...

C iv

B O N N E M E R.

Ne nous emportons point fur les termes... Ami Jenneval, c'eſt donc une fille honnête, fincère, ver-tueuſe, qui s'eſt jettée dans tes bras, qui t'a fait violer tous tes devoirs, à qui tu as donné un bel ameublement, qui l'a accepté... Où eſt ta raiſon? Va, l'amant aimé eſt rarement celui qui donne. L'in-térêt ſeul lui dicte ce qu'elle te dit de plus tendre. Son cœur ne peut être fufceptible d'aucun fentiment dé-licat. A la premiere occaſion elle te trahira pour un homme plus riche ou plus prodigue, ou bien elle aura recours aux maneges de l'intrigue, à l'hipocri-fie pour t'amener au point de t'avilir publiquement avec elle. Mépriſé le reſte de ta vie, de quel front foutiendras tu les regards du public?.. Je le déchire, hélas! ce cœur trop tendre; par mes réflexions cruelles, j'empoiſonne tes plus beaux jours : pardonne ! Je veux te ſauver à la fois de l'opprobre & du malheur.

J E N N E V A L.

Que tu me fais fouffrir !.. Change de langage... Qui de nous deux doit juger de l'état où ce cœur doit être heureux ?..

B O N N E M E R.

Tes yeux font faſcinés, & de nouveaux remords t'attendent. C'eſt une femme mépriſable te dis-je. Périſſent ces infâmes courtiſanes, la honte de leur fexe!

J E N N E V A L *avec le cri de la douleur.*

Elle ?.. Roſalie !.. Tu l'outrages ! Adieu, je me retire.

BONNEMER, *d'un ton ferme & tendre.*

Si tu ne m'étois pas auſſi cher, je me ſerois déjà
retiré, ou plutôt je ne ſerois pas venu te chercher
ici. Oſe me répondre. Eſt-ce ma cauſe ou la tienne
que je ſoutiens en ce moment? T'ai-je jamais trompé? Reviens, lis en mon ame le motif qui me fait
agir; vois toute ma tendreſſe, & ſois enſuite aſſez
inſenſible pour refuſer la main que je te préſente.

JENNEVAL *la ſaiſiſſant avec tranſport.*

Je l'accepte comme celle d'un bienfaiteur, d'un
ami. C'en eſt fait, je n'aurai plus rien de caché pour
toi, mais reſpecte l'innocent objet d'un amour malheureux. Je lui avois juré un ſecret inviolable, tout
m'échappe en ta préſence ... Tu vas devenir mon
juge ... Que j'aurois mauvaiſe opinion de toi, que
tu m'offenſerois ſi tu gardois tes préjugés contre
Roſalie après l'avoir vue!.. Sans doute un de ſes
regards la juſtifiera plus que toutes mes paroles. (*en
courant vers le cabinet voiſin, & prenant Roſalie par la
main.*) Venez Roſalie, joignez-vous à moi; c'eſt un
ami inflexible qu'il nous faut gagner.

SCENE VII.

BONNEMER, JENNEVAL, ROSALIE.

ROSALIE.

JE tremble ... A quoi m'expoſez-vous?

BONNEMER *à part.*

Dans quel étonnement!..

JENEVAL à Rofalie.

A tout ce qui peut vous rendre chere aux yeux d'un autre, comme aux miens.

ROSALIE à Bonnemer.

Monfieur, dans la folitude où mes malheurs m'ont forcée à me cacher, je ne puis m'empêcher de rougir à l'afpect d'un nouveau témoin de l'état où je fuis; mais malgré les apparences, mon cœur vous eft fans doute connu. Jenneval m'eft cher, vous êtes ami de Jenneval, & ce titre feul calme un peu le trouble dont je ne pouvois me défendre. Croyez que la plus pure tendreffe m'unit à Jenneval. Si vous trouvez que je faffe fon malheur, entraînez-le loin de moi. Puniffez-moi de l'avoir aimé; mais j'en attefte le Ciel qui nous entend, dans la douleur où mon ame fera plongée, & en quelque lieu où mon fort me conduife, mon cœur ne fera jamais qu'à lui.

JENNEVAL à Bonnemer.

Mon ami! mon ami! La voyez-vous, l'entendez-vous?

BONNEMER.

Très bien, ma foi; elle fait à merveille...

JENNEVAL.

Quoi?

BONNEMER.

Son Rôle.

JENNEVAL.

Que dites-vous?

BONNEMER à Rofalie.

Mademoifelle, Jenneval eft mon ami, jufqu'ici il s'eft montré vertueux. S'il vous eft cher, comme

vous le prétendez, ne l'ecartez point du fentier de
fes devoirs. C'eft ce qu'il doit avoir de plus facré
dans le monde. Il eft jeune, & vos charmes le fub-
juguent. N'abufez point de ce dangereux pouvoir.
J'ignore vos malheurs, mais fi les apparences font
contre vous, avouez que jamais elles ne furent mieux
fondées . . .

ROSALIE *en l'interrompant.*

Vous prenez avec moi, Monfieur, un ton qui m'é-
tonne, m'humilie . . . Votre ami a du vous dire . . .
Mon cœur eft oppreffé . . . (*elle s'appuie fur Jenneval
& dit en pleurant.*) Jenneval, Jenneval, vous favez
qui je fuis & vous m'expofez à cet affront ! . . Eft-il
poffible ; non, je n'en reviendrai jamais . . .

JENNEVAL.

Bonnemer !

BONNEMER.

Mademoifelle, allez, on ne m'abufe point. Croyez-
moi, donnez-vous pour ce que vous étes. . .

ROSALIE, *en fanglottant.*

O Ciel ! infortunée que je fuis !

JENNEVAL *d'une voix altérée.*

Bonnemer !

BONNEMER *à Jenneval.*

Jeune imprudent ! ces larmes que tu vois couler
font fauffes & perfides comme elle.

JENNEVAL *d'un ton emporté.*

Vous auriez du refpecter . . . Cruel . . . Allez, vous
n'étes plus mon ami . . . Retirez-vous . . .

BONNEMER, *avec force.*

Ingrat ! je le fuis encore, & quoi que tu faffes, je le
ferai toujours : que dis-je ? tu me deviens plus cher

dans ton délire, & je t'en donnerai la preuve en t'arrachant, malgré toi, au piége où cette Sirene artificieuse voudroit te conduire. Mon active tendreſſe emploiera juſqu'à l'autorité publique, ſi tu n'écoutes pas la voix de ton ami … Adieu.

(Il ſort).

S C E N E   V I I I.

JENNEVAL, ROSALIE.

ROSALIE *feignant de s'évanouir.*

DIEU! je me ſens mourir.

JENNEVAL *ſoutenant Roſalie.*

O Ciel ! … Reprenez vos eſprits … Je ne pourrai donc faire que votre malheur … Je ſuis déſeſperé. *(Il conduit Roſalie ſur un fauteuil, & courant vers la porte.)* Homme terrible, qu'es-tu venu faire ici ? Va, va te ranger au nombre de ceux qui me perſécutent... Je les braverai tous. *(aux genoux de Roſalie.)* Pardonne Roſalie, feroit-il poſſible que tu m'aimaſſes encore ?

ROSALIE.

Ah! ce ſeul mot me rend à la vie ., . Si je t'aime encore! jamais tu ne me fus plus cher. Je ne ſais pas te rendre reſponſable de l'injuſtice d'autrui. L'idée de te perdre, de te voir arracher loin de moi, voilà ce qui a bouleverſé tous mes ſens. Apprends de moi comme il faut aimer. Ah ! que l'empire que je devrois avoir ſur ton cœur n'eſt-il égal à celui que tu as ſur le mien !

JENNEVAL.

En pourrois-tu douter ?

ROSALIE.

Non... mais faisons ici le ferment de ne point nous féparer. Livre-moi déformais toutes tes volontés , je te réponds des miennes. Uniffons-nous contre nos perfécuteurs ; créons nos reffources , & que notre courage nous rende à la fois indépendans des événemens & des hommes.

JENNEVAL *preffant la main de Rofalie.*

Je m'abandonne à toi, ô ma chere Rofalie.

ROSALIE *du ton du reproche.*

Jenneval...Pourquoi ta main tremble-t-elle dans la mienne ?

JENNEVAL *avec verité.*

Tu es loin de connoître tous les combats qui fe paffent en mon ame ... Tu l'emportes ... Je t'adore... Ne m'en demandes pas davantage.

ROSALIE.

Mon cœur ne te déguife rien ... Je me livre à toi;

JENNEVAL *avec feu.*

Tu ne feras point trompée !

ROSALIE.

Je le fouhaite , mais il eft de ce momens orageux ; où , féduit par une voix impofante, tu redeviendras foible ... Cù tu ne m'écouteras plus.

JENNVAL.

Ne crains rien.

ROSALIE.

Me promets-tu de t'en rapporter toujours à moi feule ?.. à moi ? ..

JENNEVAL.

Je te le promets.

ROSALIE.

Quel eſt donc cet homme que tu nommes ſi faci‑
lement ton ami ?

JENNEVAL.

C’eſt… Je te l’ai ſacrifié. Il fut dans tous les
tems mon protecteur. C’eſt de lui que je tenois cette
lettre de change… Il m’aima toujours ; il en eſt
bien récompenſé !

ROSALIE.

Quoi ! il demeureroit chez M. Dabelle ?

JENNEVAL.

C’eſt ſon caiſſier, ſon ami.

ROSALIE.

Ecoutez, Jenneval… Vous avez commis une im‑
prudence très – grave en m’expoſant à ſes regards.
Vous avez cru pouvoir le fléchir, mais il eſt un de
ces hommes froids qui ſont loin de ſentir ou d’ex‑
cuſer la plus auguſte, la plus tendre des paſſions. L’a‑
mour n’eſt pour eux qu’un ſentiment étranger… Il
m’a outragée… Vous avez beſoin de lui, c’eſt votre
ami, dites-vous ?.. Je lui pardonne l’offenſe qu’il
m’a faite.

JENNEVAL, *en lui baiſant les mains.*

Ah ! votre cœur eſt auſſi noble que ſenſible.

ROSALIE.

Vous ſentez-vous, en même-tems, capable de ſui‑
vre mes conſeils ?

JENNEVAL.

Des conſeils !.. Ordonnez, je ne veux qu’obéir.

ROSALIE.

Il faut aller retrouver votre ami, lui parler d'un ton repentant, l'appaifer, employer jufqu'à la foumiffion s'il eft néceffaire ; l'affurer, non pas que vous m'avez abandonnée (ta bouche ni la mienne, cher Jenneval, ne prononceront jamais un mot fi cruel) mais lui faire entendre que tu n'es point efclave de mes charmes, que e ne gouverne point tes volontés, que rien ne te tirannife. Surtout laiffe lui dire tout ce qu'il voudra de ma perfonne. Que m'importent les difcours de l'Univers. De toi feul dépend ma renommée, mon bonheur. J'apprendrai à tout fouffrir, dès que ton intérét paroîtra l'exiger.

JENNEVAL.

Quoi, tu veux que je m'aviliffe à feindre !

ROSALIE.

Voilà donc cette obéiffance que tu m'avois promife ? Sais-tu à quoi tu m'as expofée ? A tout l'effet de fon reffentiment, il peut devenir terrible. Mon déshonneur va voler de bouche en bouche. Tu as entendu quel nom Bonnemer étoit fur le point de me donner ; attends encore & tu reverras ici ce même homme irrité...

JENNEVAL.

Si tu favois ce qu'il m'en coûte pour diffimuler !.. Qui, moi ! dire une fois feulement que je ne t'aime pas avec idolatrie, proférer ce menfonge dont mon cœur eft fi loin, c'eft un moment affreux & je préférerois...

ROSALIE.

Sans doute, de me perdre pour toujours.

JENNEVAL *avec douleur.*

Que dis-tu ?.. J'obéirai...

48 **JENNEVAL;**

ROSALIE.

Cours le rejoindre & tremble de le trouver rebelle
à tes prieres. Souvent un feul mot qu'on a héfité de
prononcer, lorfqu'il le falloit, a caufé des malheurs
irréparables. Allez mon cher Jenneval, & ne tardez
point à me rendre compte du fuccès ... Appaifez
Bonnemer, & revenez toujours plus digne d'être aimé.

JENNEVAL *dans un tranfport rapide.*

Adorable Rofalie, tu poffédes toutes les vertus,
tu oublies une offenfe, tu me rends un ami, tu veux
confirmer ma félicité. Ton ame héroïque & tendre
me dictera tout ce que je dois lui dire, & foudain je
revole à tes genoux pour m'enivrer des pures délices
que ta voix & tes regards me font goûter.

SCENE IX.

ROSALIE *feule.*

IL falloit prévenir la tempête qui auroit pû s'élever...
Que ce caractère ardent eft difficile à manier! Que
de fois il m'échappe! comme fa vertu naïve vient à
tout moment rompre mes projets... Mais je les
ai conçus, il faut qu'ils s'accompliffent...Je ne fub-
juguerois pas un cœur amoureux!.. Sa fortune ne
demeureroit pas captive entre mes mains!.. Plutôt
mourir que d'en perdre l'efpoir.

Fin du fecond Acte.

ACTE

ACTE III.

SCENE PREMIERE.

ORPHISE, LUCILE.

ORPHISE.

AH! Coufine, vous ne m'échaperés pas! Je vous y prends... On fe cache donc comme cela pour pleurer toute feule?

LUCILE.

Moi!

ORPHISE, *la contrefaifant avec tendreſſe.*

!Moi!.. Mais non, ce font ces yeux là qui voudroient mentir; qui, mouillés encore de larmes s'éforcent de dire, nous n'avons point pleurés.

LUCILE.

Oh pour cela... Mais ma coufine je n'aime pas non plus qu'on me pourfuive de fi près.

ORPHISE.

Eh ma chere enfant, rends-toi de bonne grace... Je fais tout... Tu ne te fouviens donc plus combien de fois tu m'as parlé de Jenneval?

D

 JENEVAL,

LUCILE.

Je ne vous en parlerai plus, je vous en aſſure...

ORPHISE.

Qu'en pleurant. Allons pauvre amie, mets-toi à ton aiſe. Un petit ſourire pour moi ; cela ne ſe peut... Eh bien ſoulage ton cœur. Paſſe tes bras autour de mon col. Cache ta tête dans mon ſein. Soupire, mon enfant, ſoupire. Répete-moi cent fois que tu es malheureuſe. Mes larmes ſe mêleront aux tiennes. Je ſais tout ce que tu ſouffres. Jenneval fait des fautes que mon cœur ne peut excuſer.

LUCILE, *en l'embraſſant avec affeſtion.*

Ai-je tort de pleurer ? Il va perdre ſes mœurs, ſes vertus... Vous ſavez comme il paroiſſoit honnête & s'il méritoit la préférence ſur tant d'autres que nous avons jugés enſemble... Vous-même, couſine, étiez prévenue en ſa faveur... Nous trompoit-il alors ?.. Ah ! Croyons plutôt qu'il s'eſt laiſſé ſéduire ; mais l'eſt-il pour jamais... Voilà ce qui déchire mon cœur... La crainte, la douleur, l'eſpoir s'y ſuccedent... Je n'ai jamais éprouvé une ſi violente agitation... Que de combats je me ſuis déja livrés... Combien de pleurs j'ai déja verſés... Ah qu'il eſt cruel celui qui me les fait répandre... Et ce dernier événement... Cette indigne rivale... Je rougis de ma foibleſſe.

(*Elle cache ſon viſage dans le ſein de ſon amie.*)

ORPHISE.

Je ſuis ſi pénétrée que je ne ſais plus que te dire ; & cet oncle, ce cruel oncle, dis-moi, il arrive à point nommé pour faire feu. Qui l'a fait venir ? Qui a pu l'informer ?..

LUCILE.

Ce n'eft affurément ni mon pere , ni M. Bonnemer.

ORPHISE.

Que je fouffrois pour toi ! Comme nous n'atten-
dions que le moment de nous échaper de table. Quel
homme terrible que ce M. Ducrône ! Il fort des fo-
rêts. Quel ton ! J'ai manqué vingt fois de m'emporter
contre lui ; & ton pere, ton pere ! Ah , ma coufine ,
je ne fais pas comment je ne me fuis point jettée à fon
col. Il plaidoit pour le neveu & fembloit deviner
nos cœurs pour y nourrir l'efpérance.

LUCILE.

Chere coufine, fi vous faviez combien j'appréhen-
de fes bontés ! A quel état je fuis réduite ! Je crains
mon pere , moi qui n'avois fait jufqu'ici que l'aimer ;
mais je fuis donc coupable puifque je le crains... Tant
que je crus Jenneval vertueux , le penchant que je me
fentois pour lui ne pouvoit m'être un fujet de reproche , mais aujourd'hui tout eft contre moi ... Et j'ofe
y penfer encore & je n'ai point fait le défaveu de ma
flame dans les bras de l'auteur de mes jours... Je fuis
toute troublée ; je crois que d'aujourd'hui je n'aime
plus rien. Les deux perfonnes que je chériffois le plus
s'offrent à mes yeux fous un jour nouveau... L'afpect de mon pere m'eft redoutable , & Jenneval, l'ingrat Jenneval... Crois-tu bien qu'il m'aimat avant
ce malheureux événement. Pour moi je penfe que c'eft
une chofe impoffible.

ORPHISE.

Impoffible de s'attacher à une autre perfonne après
t'avoir connue , cela devroit être ma bonne & ten-

D ij

dre amie. Jenneval avoit conçu pour toi les fenti-mens les plus tendres. J'ai vu plufieurs fois fes yeux le trahir malgré lui en ta préfence ; tout exprimoit un amour retenu par cette crainte refpectueufe qui nous donnoit une idée avantageufe de fes mœurs ; mais il n'aura fallu qu'un malheureux moment pour égarer ce jeune homme dans une ville où le vice triomphe & revet extérieurement tous les charmes de la volupté; comment . . .

 LUCILE , l'interrompant.

Ne feroit-il plus poffible qu'il revint à lui-même. Quelques jours d'égaremens cauferoient-ils la perte de fa vie entiére ? Jenneval pourroit il chérir l'infamie ! Ah ! Coufine quand je l'ai vu rentrer ce matin avec cet air confus, humilié, tous mes fens ont treffailli. Pourquoi faut-il qu'il fe foit encore échapé & plus coupable que jamais !.. Comme fon ami eft chagrin ! Quoi , l'amitié , ce dernier fentiment qui s'éteint dans une ame noble , l'amitié n'a pu toucher fon cœur ! Je me flatte trop peut-être , mais fi je lui euffe parlé, je ferois plus tranquille. Je me rappelle un tems où il fembloit prévoir jufqu'à mes moindres penfées ; mais plus je le vis me donner des preuves d'un atta-chement qui croiffoit de jour en jour, plus je me crus obligée d'en reprimer les marques trop vifibles en af-fectant une froideur d'autant plus néceffaire que mon cœur en étoit loin. Peut-être fe fera-t-il cru rebuté ... Cette erreur aura été la caufe de fa perte ... Mais tu vois quel détour mon cœur prend pour fe flat-ter. Coufine je m'égare. Aide moi à bannir pour jamais uue pitié trop dangereufe, & qui peut-être n'eft que l'interprête d'un fentiment qui feroit le malheur de ma vie fi je ne m'empreffois à l'étouffer.

ORPHISE.

J'entends fon oncle avec ton pere.

LUCILE.

Ah! Je me fouviens de mille chofes que j'avois à te dire...

ORPHISE.

Je me fauve, je ne puis fouffrir la févérité de cet homme, & fa vertu me fait trembler.

(*Lucile refte.*)

SCENE II.

M. DABELLE, M. DUCRONE, LUCILE.

M. DUCRONE.

MONSIEUR, vous voyez en moi un homme qui dans toutes les circonftances poffibles a agi avec fermeté & qui dans une telle conjonĉture fait par conféquent ce qui lui refte à faire. (*Il tire fa montre.*) Je n'ai point perdu de tems dieu merci. Dans une heure & demie j'ai fait quatre grandes lieues. Vous me trompiés tous. Vous me cachiés fes déportemens, vous attendiés fans doute pour m'en inftruire que fa honte fut publiée fur les toits. Bien m'a pris d'avoir eu un furveillant fidele & qui a fu m'avertir à point nommé... Ah! ah! Monfieur mon neveu vous me faites quitter la campagne, mais patience vous me payerés mes peines.

M. DABELLE.

Le mal n'étoit point à son comble & d'ailleurs nous esperions le guérir. Chaque faute doit être appreciée d'après l'age, le caractere. De grace ne dérangés rien au plan que nous sommes convenus de tenir à son égard. Abandonnés-nous cette affaire ; cher oncle nous répondons du succès.

M. DUCRONE.

Je ne prends jamais conseil que de ma tête, Monsieur, & je n'ai jamais eu lieu de m'en repentir. Je suis son oncle & vous sentirés bientôt que je dois penser tout autrement que vous. Ce n'est pas votre neveu qui vous a volé ; c'est le mien, c'est mon sang qui s'est avili, dégradé ; ce sang jusqu'alors pur & sans tache dans toute notre famille. Et peut-être ici n'affecte-t-on tant d'indulgence que par une pitié assez deshonorante.

M. DABELLE.

Vous ne rendez point justice aux vrais sentimens qui me font agir. Si je m'intéresse au sort de ce jeune homme, croyez que je connois à fond son caractère & que j'ai mes raisons pour plaider en sa faveur. Il vaut mieux éclairer le coupable que de le punir. N'aggravons point ses fautes, lorsqu'il est encore facile de les réparer ...

M. DUCRONE.

Vous vous trompés très fort si vous le pensés. Tant de bontés, tant de zele m'étonne, mais ne m'entraîne pas. Chacun a ses principes. Les vôtres peuvent être fort bons envers *(en regardant Lucile)* une fille dont le caractere est naturellement porté à la vertu.

Je donnerois la moitié de mon bien pour avoir une enfant comme celle là. Mais je connois un peu comme il faut mener cette jeuneſſe extravagante, indiſciplinable. Celui qui a oſé une fois manquer au devoir que l'honneur lui impoſoit ne mérite plus aucun ménagement. Il faut preſſer ſur lui tout le chatiment qu'il s'eſt attiré ; c'eſt des ſuites de ſa faute que doit naître ſon repentir. Enfin je ſuis très éloigné de cette complaiſance dont vous me parlés. Je ne connois qu'un chemin, Monſieur, celui de l'exacte probité. C'eſt un ſentier dont un honnête-homme ne peut s'écarter ſans mériter un nom infâme. Tout ce qui va de biais n'eſt plus ſur la ligne droite, & pour peu qu'on ſe fourvoye... Tenez ce ſont de ces pas qui demeurent imprimés dans l'opprobre & qui ne s'effacent jamais.

L U C I L E, à part.

Je n'y ſaurois plus tenir, mon cœur ſouffre trop.

[Elle ſort.]

M. D A B E L L E.

Vous ne croyés donc pas que pluſieurs après s'être égarés ſont rentrés dans le droit chemin & ont marché plus avant dans cette nouvelle carriere. J'honore votre façon de penſer, mais entre nous, je la crois trop auſtère. Il faut meſurer la chûte d'après les dangers qui environnent la jeuneſſe. Elle eſt bien expoſée dans ce ſiécle malheureux. Un cœur neuf & ſenſible ſe trouve ſéduit avant que de s'en douter. L'expérience de ſes ayeux eſt en pure perte pour lui. Ce n'eſt pas la ſévérité qui réuſſit, c'eſt l'indulgence ; & ſous ſa main douce & généreuſe, tel homme qu'on croit abandonné, échauffe ſouvent en lui-même ſes germes renaiſſans qui tout-à-coup font refleurir les vertus.

D iv

M. DUCRONE.

Oh! Vous ne me perfuaderés jamais que c'eft un homme de vingt-deux ans qui fe releve d'une pareille chute. Sa conduite a tous les caractères de la mauvaife foi & du libertinage. Si vous refléchiffés qu'il a commis cette fottife en faifant fon droit, en fe difpofant à embraffer l'honorable profeffion d'Avocat... Je rougis de honte & de fureur... Ah! Mon fils fut bien moins coupable, il commit une faute moins grave & je le punis bien plus féverement. Il s'échappa de la maifon paternelle. J'appris qu'il étoit en garnifon à cent lieues de moi. Savez-vous ce que je fis. Je le laiffai fervir le Roi. Il m'écrivoit des lettres plaintives. Mon pere je n'ai point mes aifes, je manque de tout; eh mon fils tu l'as voulu, tu y refteras, bonne école! Je lui achetai néanmoins une fous-Lieutenance; l'année fuivante fon régiment fut taillé en piéces & lui tué! Sa perte ne laiffa pas que de m'affliger. Préfentement qu'il eft mort je puis dire que je l'aimois... Et tenez ce malheureux Jenneval ne fait pas que dans le fond de mon cœur... Mais je me garderai bien de le lui laiffer jamais paroitre. Je ne voudrois pas pour tout au monde qu'il s'en doutat feulement. Rien n'eft plus dangereux que cette molle indulgence dont vous me parlés, que cette foibleffe du fang...

[Ici paroit Bonnemer conduifant Jenneval par la main.]

SCENE III.

m. DABELLE, m. DUCRONE, JENNEVAL, BONNEMER.

m. DUCRONE, *continue.*

MAis affûrément il eft bien effronté ! Avoir l'audace de paroitre en ma préfence, de remettre encore ici le pied !.. Que vient-il chercher ?

BONNEMER, *allant à Ducrone & d'un ton fuppliant.*

Cher Monfieur... Votre furveillant a été égaré par fon zéle. Il a chargé Jenneval de trop noires couleurs. Il a annoncé la faute, mais il a tû le remord. Jenneval eft repentant, Jenneval abjure le paffé. Son front s'eft couvert de cette rougeur falutaire, qui annonce un parfait retour à la vertu. Nous répondons tous de lui...

m. DABELLE.

Cher Jenneval approchez, que je life dans vos yeux cet heureux retour dont notre ami fe félicite.

JENNEVAL, *d'une voix baffe qui prouve fon embarras & fa confufion.*

Monfieur, puiffé-je me rendre digne de toutes vos bontés. (*à part.*) Quel fupplice !

BONNEMER, *à Jenneval.*

Je te l'ai dit. Mets bas cette fauffe honte ; tout eft

réparé, tu ne dois plus rougir. Un feul mot de ta bouche nous a défarmés. Tout le monde te connoit fincère. (*Il l'embraffe*)(*à M. Ducrone.*) Allons cher oncle le traité de paix eft conclu & je le garantis.

(Il fait figne à Jenneval de parler. Pendant tout ce tems l'oncle préfente un front courroucé, & frappe le plancher de fa canne.)

JENNEVAL, *s'avançant.*

Mon oncle, fi j'ofois efpérer de vous autant d'indulgence, vous adouciriés les peines que je rencontre à chaque pas de ma vie. Confentez à me vouloir heureux. Dites une parole & je le ferai. Ces amis généreux m'ont enhardi à paroitre en votre préfence ; mais un mot de votre bouche, un feul témoignage de bienveillance va me rendre à moi-même.

M. DUCRONE, *d'un ton ferme.*

Monfieur, voulez-vous bien entendre quelles font mes volontés ?

JENNEVAL, *avec refpect.*

Mon oncle !

M. DUCRONE.

Elles feront irrévocables je vous en avertis. Je devine que ce prompt retour eft l'ouvrage de la néceffité, mais ce n'eft point moi qui fe laiffe endormir. J'exige dabord que l'on m'informe & dans le plus grand détail de l'emploi qu'on a fait de cet argent volé. Je veux favoir enfuite quelle eft cette fille, depuis quand, où, & comment vous l'avez connue ?

BONNEMER, *l'interrompant.*

Eh cher Ducrône, tirons le rideau là-deffus. Il a avoué s'être laiffé féduire. La féduction a donc perdu tout fon effet. Que demandez-vous de plus ?

m. DABELLE.

Monfieur, foyons généreux. Son cœur fe rend à nous. Accordons-lui les honneurs de la guerre. Jenneval jettez-vous au col de votre oncle & que tout foit oublié.

(Jenneval s'avance pour embraffer fon Oncle.)

m. DUCRONE, *reculant.*

Non, Meffieurs, non... Je vous fuis fort obligé' ne me preffés plus comme cela je vous en prie. Je vous l'ai déja dit, on ne me gagne point par de fauffes careffes. Vous ne le connoiffez pas comme moi. Voyez cette modeftie contrefaite & cet air de douceur hypocrite ; elle n'eft occafionnée en ce moment que par l'intérêt qui l'affujettit à moi...

JENNÉVAL, *d'un ton étouffé.*

Moi! hipocrite, Monfieur!.. (*à part.*) Puis-je encore diffimuler !

m. DUCRONE.

Je veux de meilleures preuves d'un vrai repentir. Le feul moyen de me faire connoître que c'eft plutôt à mon cœur qu'à ma bourfe qu'on en veut, c'eft de fléchir à l'inftant même fous mes ordres. Oh! je ne fuis point dupe d'une grimace paffagere. Avant que de me convaincre il faut par plufieurs années d'une conduite irréprochable, effacer les taches de celle-ci. D'abord cette fomme dérobée que je vais reftituer fera prife fur ta penfion, & par conféquent les quartiers, à commencer d'aujourd'hui, feront retranchés en parties égales jufqu'a entiere fatisfaction. Il eft bon de te faire fentir ce que vaut la perte d'un argent

auffi follement prodigué. J'en ai affez fait pour vous,
Monfieur. Il eft tems que vous faffiez quelque chofe
pour vous même. Nous verrons ce que vous fçaurez
faire. L'oifiveté a été le piége de ta jeuneffe, & le
travail deviendra un fur préfervatif.

Or donc, voici les conditions auxquelles je puis
encore pardonner. Choifis de les mettre à exécution
ou à ne me revoir jamais. J'entends que tu partes
dès demain pour la Province, en telle ville & telle
maifon que je t'indiquerai, afin d'y achever ce droit
qui, dans ce maudit Paris traîne tant en longueur. Je
prétends que tu t'éloignes de cette funefte Capitale,
où tu acheverois de perdre tes mœurs, & cela fans
y entretenir aucune correfpondance directe ni indi-
recte. Paris eft plein de ces filles qui révoltent la
jeuneffe contre leurs parents ; mais je n'aurai point
amaffé mon bien pour fervir de proye à la débauche.
Ta brillante Déeffe, ta Rofalie, ce foir même je la
fais enfermer. Ma plainte eft déja portée, & le fage
Magiftrat qui veille autant à la confervation des bon-
nes mœurs qu'à la fureté des Citoyens, faura la placer
en lieu fûr. Elle fera ma foi claquemurée pour le refte
de fes jours.

J E N N E V A L, élevant la voix.

Et de quel droit, Monfieur, la perfécutez-vous ?
Comment ofez-vous attenter à la liberté d'une perfonne que vous ne connoiffez pas. Surprendre un
tel ordre à l'aide d'une baffe calomnie, c'eft commettre une lâcheté d'autant plus cruelle, qu'on la co-
lore d'un air de juftice. Gardez-vous d'aller plus loin,
car j'ofe ici vous affurer. . .

M. DUCRONE.

'Ah ! tu fais le Don-Quichotte. Va, va, tu me remercieras un jour quand le tems de tes folles amours fera paffé. Tu donnerois alors la moitié de ta vie pour racheter la premiere. Crois-moi, abandonnes-la à fa baffeffe ; laiffes-la retomber dans la mifere d'où ton imbécilité l'a fait fortir.... Une vile créature...

JENNEVAL.

Si elle étoit auffi vile que vous le prétendez ; votre injuftice, votre dureté, la confirmeroient dans le défefpoir du vice ; car vous lui donneriez l'affreux droit de haïr, vous, & tous les hommes... Mais moi, je ne ferai point affez lâche.

M. DUCRONE.

Quoi, tu pouffes l'extravagance... J'y mangerai la moitié de mon bien, vois-tu, & de ce pas... elle fera enfermée, te dis-je, & fi étroitement...

JENNEVAL, *éclatant avec fureur.*

Je la défendrai contre tous... fut-ce contre vous même... Il y va de ma vie... Si vous troublez fon repos, barbare vous m'en répondrez.

M. DUCRONE, *levant fa canne & arrêté par Bonnemer.*

Infolent !

M. DABELLE.

Jenneval, feroit-il poffible !... Je fuis auffi furpris qu'affligé.

BONNEMER.

Eft-ce là ce que tu m'avois promis ?.. Pour l'amour de moi...

JENNEVAL *avec véhémence.*

Abandonnez-moi tous , mais du moins ne me tour-
mentez plus. (*en s'attendriſſant.*) Pardonnez ! ah! ſi
mon ame vous étoit développée toute entiere. Non ,
je ne puis plus diſſimuler. Forcé de feindre un inſtant,
mon rôle étoit trop dangereux , & j'ai manqué en
effet d'y ſuccomber. Voyez-moi donc tel que je ſuis.
J'aime , & c'eſt à celle qu'on outrage , à celle dont
on révoque en doute les vertus connues de moi ſeul ,
que je dois la modération dont j'ai uſée juſqu'ici.
Ma raiſon juſtifie tout l'excès de ma tendreſſe. Je rem-
plirai les engagemens chers & ſacrés avoués de mon
cœur. Que ne puis-je , dès ce moment meme , pour
effacer des ſoupçons injurieux , la conduire aux pieds
des Autels. Là , on verroit combien je la reſpecte.
Elle eſt pauvre dira-t-on , eh oui ; tel eſt le gage de
ſes vertus. Quoi, l'indigence ſera regardée du même
œil que le crime. Et parce qu'une fille ne vivra
point dans l'opulence , elle ceſſera d'être honnête !
miſérables préjugés , c'eſt moi qui le premier vous
braverai.

M. DUCRONE.

Si elle étoit vertueuſe, ſi l'honneur parloit à ſon
ame , ſi elle t'aimoit enfin , elle te rameneroit à des
ſentimens délicats , elle ne t'auroit point expoſé au
repentir , au danger , à l'affront qu'entraîne une fri-
ponnerie flétriſſante ; n'a-t-elle pas partagé les fruits
de ta baſſeſſe ... Va, je ſaurai te réduire. Je te ferai
connoître comme on fait rentrer un jeune libertin
dans le devoir. Tu n'es pas encore où tu crois en
être. Suis ton beau chemin ; je te ſuivrai à mon tour,
non par amour pour toi, mais par reſpect pour la

mémoire de ton pere. J'empêcherai bien que conduit par une femme débauchée, tu ne faſſes un jour
& publiquement le déshonneur de ta famille.

J E N N E V A L.

'Ah ! ſi je me ſuis rendu coupable d'une baſſeſſe
que vous me reprochés tant de fois & avec tant d'a-
mertume , ſachez que je ne ſuis pas ſeul criminel. Je
vous ai pardonné la ſituation extrême où vous m'a-
vez réduit, pardonnez-moi du moins une faute dont
vous êtes la premiere cauſe.

M. D U C R O N E.

Moi!

J E N N E V A L.

Oui , vous . . . La loi vous a nommé dépoſitaire
de mon bien ; mais avez-vous rempli ſon eſprit &
ſon intention ? Vous en avez agi avec moi avec une
rigueur inflexible. Vous m'avez refuſé non pas cet
abſolu néceſſaire , qui auroit élevé contre vous d'é-
ternelles clameurs, mais vous m'avez ôté les moyens
de ſatisfaire à ces autres beſoins, enfans de l'honneur , non moins preſſans & plus chers à une ame
noble. C'étoient-là des dépenſes indiſpenſables dans
un monde où par état je devois me préſenter hon-
norablement. Mais vous n'avez jamais voulu concevoir cet eſprit du ſiécle qui maitriſe nos volontés.
Que de fois ce cœur fier a été humilié ! Si vous
m'euſſiez accordé ce que j'avois droit d'attendre &
même d'exiger, je ne ſerois pas aujourd'hui diffamé.
Le dernier artiſan , concentré dans le cercle obſcur
où le ſort l'avoit placé , étoit cent fois plus heureux que moi, obligé de paroître & forcé de me
cacher.

M. DUCRONE.

J'ai donné ce qu'il falloit donner. Si le fiécle ex-
travague je ne fuis point fait pour obéïr à fes caprices.
L'efprit de la loi eft-il qu'un tuteur favorife les dé-
bauches de fon pupille. L'or feroit devenu dans tes
mains un poifon dangereux. D'ailleurs ton compte eft
en regle. Au jour de ta majorité on te le préfentera
& en bonne forme. Si tu n'es point content, atta-
que moi en juftice ; ma réponfe eft toute prête.

JENNEVAL.

Non ... Je n'attendrai pas des tribunaux ce que
votre cœur me refufe. Si vous ne favez pas vous juger vous-même , ce n'eft point à moi à rougir.

M. DUCRONE.

Oublies-tu à qui tu parles ?

JENNEVAL.

Je m'en fouviendrois fi vous n'étiez pas inhumain. Un oncle qui aime fon neveu le plaint s'il s'é-
gare & ne l'infulte pas.

M. DUCRONE.

Puis-je t'infulter, toi qui ne mérites plus que le
mépris ...

BONNEMER, *s'avançant l'œil humide de larmes.*

Cher Ducrône , c'eft affez ... eh modérez-vous
au nom de l'amitié.

(Pendant ce tems M. Dabelle fe tait & foupire.)

M. DUCRONE.

Que je me modere ! Ah le Ciel m'eft témoin que
ce n'eft point le courroux qui m'agite. Ç'eft fon

propre

propre intérêt que je cherche plutôt que le mien...
Meſſieurs, dans tout ce qui ſera honnête, juſte, rai-
ſonnable , il me verra toujours prêt à le ſeconder, &
quoiqu'il en diſe , à prévenir même ſes deſirs ; mais
auſſi qu'il voye en moi, s'il réſiſte au devoir , une
fermeté que rien ne pourra vaincre ... Nous verrons;
ſi demain, à l'heure où je vous parle , il n'eſt pas à
vingt lieues d'ici ; je fais ſerment ...

JENNEVAL *avec fierté.*

Épargnez-vous d'inutiles menaces. Je ne recevrai
plus de loix que de ce cœur qu'on voudroit anéantir & qui ſe ſent aſſez grand pour prendre une juſte
confiance en lui même. Je ferai libre, indépendant,
maître de diſpoſer de ma perſonne. Pourquoi vous
inquiéter ſi fort à tourmenter ma vie ? Si vous re-
noncez à me faire du bien, du moins ne me rendez
pas plus malheureux. Seriez-vous plus jaloux de votre
autorité que de mon bonheur ?

M. DUCRONE.

Je le voulois, ingrat, ce bonheur que tu rejettes ;
mais tu braves une bonté qui tient trop à la foibleſſe.
Tu m'as trop manqué pour que je te pardonne jamais. Si tu m'avois obéï j'aurois pu oublier encore
le paſſé, mais tout eſt dit ... Vois juſqu'où alloient
mes bontés pour toi. J'avois mis en réſerve une ſom-
me de cent mille livres pour t'acheter une charge,
dès que ton droit ſeroit achevé ; mais Dieu m'en garde. Cet argent eſt à moi , & je ſaurai en jouir. Voici
une nouvelle création de rentes viagères qui vient
fort à propos pour te punir & doubler mon revenu.
Eh quoi , je m'en priverois, pour qui, s'il vous
plaît ? pour un libertin, avide, intéreſſé, pour un

neveu ingrat, dénaturé, dont les vœux fecrets me pouf-
fent dans le cercueil & qui n'attend que l'inftant de
ma mort pour venir avec fon abominable créature
rire & danfer fur ma tombe !

JENNEVAL.

Ces vils fentimens que vous me prêtez', vous feul
avez pu les concevoir. Gardez votre bien & faites-en
l'ufage qu'il vous plaira. Je ne demande point qu'on
foit généreux à mon égard, je défirerois feulement
qu'on fut jufte.

M. DUCRONE.

Je le ferai enfin en te déshéritant...Tu as trop
mérité mon indignation.

M. DABELLE, *à Ducrône*, *d'un ton noble* & *pathétique.*

Ah cher Oncle, n'écoutez pas ce premier inftant
de chaleur. Il vous laiffera reprendre les mêmes fentimens qui vous ont toujours animé. Je fuis pere, je
connois le plaifir d'avoir un bien-être pour l'affurer
en paix à fes defcendans. Cependant croyez que
fi je n'avois pas ma fille & que j'euffe plufieurs
héritiers, jamais je ne trouverois de prétextes
pour en priver aucun de fon droit de fucceffion.
Ce droit eft inaliénable & facré ; car, ce n'eft
point en les privant de notre héritage, que nous les
rendrons plus honnêtes gens. Toute action qui n'a
pas un but utile eft bien prête d'être blamable. Si
l'état autorife la rupture des liens les plus étroits, laif-
fons les cœurs infenfibles céder à cette amorce fatale. Le vrai citoyen n'eft pas un être folitaire. Gar-
dons-nous furtout de réferver pour ce moment où

nous paroîtrons devant l'Etre suprême tout ce qui
pourroit reſſembler à la haine ou à la vengeance . . .
De grace laiſſez-moi être médiateur en cette affaire.
Concluons un nouveau traité. Relâchés un peu de
cette ſévérité extrême . . . Jenneval eſt ſenſible, &
ce caractere précieux doit être ménagé.

M. DUCRONE, *en ôtant ſon chapeau.*

Encore un coup, Monſieur, ce n'eſt point votre
neveu. Je ne conſulte jamais que moi, & je fais très-
bien ce que je fais. Permettez donc que je ne change
rien à mes premieres diſpoſitions ; ce feroit avoir
une tendreſſe ridicule que de la conſerver à un neveu
rébelle qui fait ma honte & ma douleur . . . Cependant pour me diſculper de toute animoſité ; je veux
bien lui laiſſer encore le choix. Soyez donc ici té-
moins de mes dernieres bontés. (*à Jenneval.*) Allons,
réſous-toi à partir ſur le champ, ou ſi tu balan-
ces, tiens . . . prends-garde . . . Tu t'aſſures de mon
inimitié éternelle.

JENNEVAL, *d'un ton tranquille.*

Faites tomber les traits de votre vengeance ſur
l'objet infortuné à qui j'ai attaché le bonheur de ma
vie, vous le pouvez, Monſieur ; mais il m'eſt impoſſible de me ſéparer d'elle . . . Je vous en dirois
davantage, mais vous me traitez trop deſpotiquement
pour obtenir une confidence que je refuſerois peut-
être à un ami. Laiſſez-moi à moi-même, à la malheureuſe deſtinée qui m'attend ; aſſez de tourmens me
ſont réſervés. (*en regardant* M. *Dabelle avec douleur*
& *tendreſſe*) Si j'avois pu me rendre, je me ſerois
déja rendu.

E ij

M. DUCRONE *avec colere.*

Tu me réſiſtes, eh bien, il n'y a plus de retour ;
j'en jure par l'honneur que tu as trahi. Je rougis d'a-
voir eu tant d'indulgence pour toi. Je t'avois mal
connu & je me repens même d'avoir veillé ſi tendrement ſur tes premieres années. Il vaudroit mieux
pour toi que tu fuſſes mort au berceau. Si ton pere
vivoit tu le ferois expirer de chagrin. Va , je vois d'un
œil ſec tes déportemens ; j'étois trop bon de m'é-
chauffer pour tes intérêts. Péris puiſque tu veux pé-
rir. Avance dans la carriere du libertinage & du vice.
Tu en recueïlleras les triſtes fruits. Tous les maux
qu'ils enfantent réunis bientôt ſur ta tête , vengeront
mon autorité outragée & mes leçons miſes en oubli...
Je te défends de me nommer jamais ton parent. Pour
moi... je n'ai plus de neveu. (*Il ſort.*)

JENNÉVAL *avec vivacité.*

Et moi je n'ai jamais eu d'oncle.

SCENE IV.

M. DABELLE, JENNEVAL, BONNEMER.

M. DABELLE.

ABjurés ces dernieres paroles, jeune-homme infortuné. Il vous reſtera, croyez-moi. Tout
inexorable qu'il eſt, vous devez le reſpecter. Sa rigueur tient à ſon caractère. C'eſt l'emportement de
la vertu , & peut-être même celui de la tendreſſe. S'il
vous aimoit moins , il n'auroit pas pouſſé les choſes
à l'extrême.

JENNEVAL.

Monsieur, je connois votre ame ... Je vous aime...
Je vous respecte... Je donnerois mon sang pour vous ;
si j'avois pu me moderer , je l'eusse fait ; ce que je
dois à vos soins . . . Plaignez - moi ; ne condamnez
point un penchant invincible ... Ah ! Il fut un tems...
N'en parlons plus. Si quelqu'un avoit pu m'aider à
vaincre , c'étoit vous sans doute . . .

M. DABELLE, *en le serrant dans ses bras.*

Calmez-vous ... (*montrant Bonnemer.*) Remettez-
vous entre les bras de cet ami . . . Ouvrez-lui votre
cœur. Est-il quelque blessure que l'amitié n'adou-
cisse ! je vous plains , mais du moins que l'orage des
passions ne vous fasse point oublier les devoirs les
plus sacrés. Ils doivent l'emporter dans une ame bien
née & l'emporter sur tout.

(*Il sort, Jenneval demeure immobile & pensif.*)

SCENE V.

JENNEVAL, BONNEMER.

BONNEMER.

AH! si tu pouvois renoncer à cette funeste pas-
sion ! si tu voulois combattre pour l'amour de
nous. Si par un sacrifice héroïque & généreux . . .
C'est là être homme que de remporter la victoire...
Je t'afflige , pardonne...

JENNEVAL.

Cher Bonnemer , je mérite la pitié des ames sensi-
bles & indulgentes, la compassion que l'on a pour
les malheureux.

BONNEMER.

Et les infenfés!

JENNEVAL.

Eh! j'en fuis plus à plaindre. L'indulgence alors
devient juftice. Laiffe-moi, je crains plus de céder
à tes larmes que je n'ai de douleur d'y réfifter. On
menace la liberté de Rofalie; je vole... Que de coups
réunis fur ce cœur fenfible! & que je me fens oppreffé!.. Ciel, voici le dernier, Lucile!..

SCENE VI.

LUCILE, JENNEVAL, BONNEMER

LUCILE, avec une vérité noble.

NON, Monfieur, vous ne fortirez point. Souf-
frez que je vous repréfente ce que l'amitié me
dicte en ce moment. Quoi! vous en coûteroit-il donc
tant pour vous foumettre à un oncle que vous devez connoître dès votre enfance. Ne pouvez-vous
céder à mon pere, à votre ami... Moi-même je me
trouve forcée de me joindre à eux... Je viens de
le rencontrer. Je lui ai dit tout ce que mon cœur
a pu m'infpirer. Je l'ai vu ébranlé: peut-être feroit-
il encore tems de le fléchir... Vous ne répondez
rien... M'envieriez-vous la part que je prends à vos
douleurs?..

JENNEVAL.

Mademoiselle, il ne manquoit aux tourmens que j'endure que de vous y voir sensible. Quoi ! Vous daignez vous intéresser aux destins d'un homme qui ne mérite plus vos regards. Je suis trop indigne de votre pitié. Je suis . . . Désespéré , emportant dans mon cœur le repentir de n'oser lever les yeux devant vous ; permettez que je cache ma honte, ma douleur .. & mes regrets.

BONNEMER, *courant après Jenneval.*

Jenneval !

JENNEVAL, *dans le fond du Théatre.*

Eh que veux-tu encore de moi, lorsque j'ai pu forcer mon ame jusqu'à lui résister ?

SCENE VII.

LUCILE, BONNEMER.

LUCILE, *avec feu.*

NE l'abandonnez point. Sa raison est troublée. Suivez ses pas. Ramenez-le malgré lui. Il faut pour le sauver, mettre tout en usage. Je ne puis voir qu'un jeune homme qui sembloit né pour le bien ; qui, le jour d'hier, jouissoit encore de l'estime générale , soit sur le point de perdre & ses mœurs & cette même estime qui lui assuroit la mienne ... Si ... Je ne puis achever.

E iv

BONNEMER.

Ah ! fi mon zele avoit befoin d'être excité, votre
généreufe pitié m'emflammeroit d'un feu nouveau.
Je ne le quitterai point, & dut ma préfence le fati-
guer , il entendra toujours la voix attendriffante &
févére de fon ami.

SCENE VIII.

LUCILE *feule.*

IL fe perd d'amour pour une autre, & je peux
encore y être fenfible ! Trop cher Jenneval ! fi
du moins les peines qui me confument pouvoient
te rendre le repos ; mais non , ta vie eft auffi agitée
que la mienne.

Fin du troifieme Acte.

ACTE IV.

Le théâtre repréfente une chambre où il n'y a que les quatres murailles, & quelques chaifes. Un homme apporte un coffre & le dépofe. Rofalie arrive précipitamment & en défordre. La nuit commence & ce trifte féjour n'eft éclairé que d'une lumiere fombre.

SCENE PREMIERE.

ROSALIE, JUSTINE.

ROSALIE.

QUOI toujours pourfuivie par la fureur des hommes ! (*regardant le coffre*) Voilà donc tout ce qu'on a pu fauver ! O vengeance ! Donnons quelque effor à ce feu terrible qui fermente dans mon fein .. Un inftant plus tard où ferois-je ? Dans une horrible prifon .... Je vous reconnois lâches perfécuteurs ; vous écrafez le foible fans pitié, vous êtes auffi cruels que vous pouvez l'être, mais vous n'y aurez rien gagné ; votre defpotifme aura pour vous des fuites funeftes. Je furpafferai vos fureurs... Tremblés ! (*à Juftine*) Penfes-tu que nous foyons en fureté dans ce

miférable lieu , car il femble depuis un tems que les
murs foient devenus tranfparens. Un bras infa.igable
conduit d. tout côté une armée d'argus , & il n'y
a plus d'azile contre cet œil vigilant & terrible.

JUSTINE.

Soyez fans crainte . . . Dès que nous fommes cachées
ici Brigard répond . . .

ROSALIE, *avec une fureur impatiente.*

Va-t-il venir ?

JUSTINE.

Il ne doit pas tarder. Il nous a averties à tems &
fans fes foins . . .

ROSALIE.

Ah fur qui doit retomber tout le poids des tourmens que j'endure ! .. Je me fens là un befoin de vengeance : hate-toi moment qui dois le fatisfaire . . . Le
ciel eft de fer pour moi, les hommes font acharnés à
ma ruine . . . Eh bien tyrans de mon exiftence, avez
vous quelques fléaux en referve , lancés tous vos traits
je brave votre double colere. Je poufferai jufqu'au
bout ma deftinée ; favorable ou terrible , il eft tems
qu'elle fe décide.

JUSTINE.

Tout n'eft pas défefpéré . . .

ROSALIE.

Je ne veux rien entendre te dis-je . . . (*a voix baffe
tandis que Juftine eft dans le fond.*) L'abime m'environne ; j'y tombe ou j'y précipite mon ennemi. Je l'é-
pargnois, ma cruauté devient juftice. Balançons le
pouvoir de l'homme injufte. O nuit épaiffis tes voiles !

O vengeance active & ténébreufe, toi qui veilles &
qui frappe dans l'ombre , cache ton poignard jufqu'au moment ou je l'aye appuyé fur le cœur de ma
victime ; qu'elle tombe,& que mon deftin l'emporte...
(*a Juftine.*) Va voir fi quelqu'un paroit.

SCENE II.

ROSALIE, *feule.*

ME faudroit-il abandonner cette capitale le feul
endroit fur la terre où je puiffe marcher tête levée
& rencontrer le bonheur que tant d'autres poffédent?
Ah ! fi je ne trouve aucune reffource ici ,il n'en eft
plus pour moi dans l'Univers... Détestable vieillard
c'eft toi qui es venu rompre le plan heureux que j'a-
vois formé ; je peux t'anéantir , mais je n'ai rien fait
fi ton neveu n'eft le premier complice. Jenneval me
refte & mon ame entiere n'a point paffé dans la fienne , & je ne lui ai pas infpiré ma rage ! Qu'eft devenu
mon génie ? Mais fa vertu... Sa vertu doit ceder à
mon afcendant... Il eft foible... Il a commencé
par le vol , il finira par le meurtre... Son ame eft
dans mes mains ... enivrons le d'amour, qu'il en foit
furieux, qu'égaré par mes féductions il vole à ma voix
percer le fein que j'abhorre & que tout fanglant il
fe rejette dans les bras qui doivent appaifer le cri de
fes remords.

S C E N E   III.

ROSALIE, BRIGARD.

ROSALIE.

OU eft Jenneval ? L'as-tu trouvé ? Viendra-t-il ?

BRIGARD.

Oui ; j'ai fait davantage ; j'ai obfervé tous fes pas.
J'ai efpionné enfuite l'oncle (c'eft mon ancien métier.)
Il va fecrettement fouper au marais chez un homme
qui fait fes affaires, & qui s'eft chargé de lui trouver
à placer fon argent à fond perdu , mais le plus avan-
tageufement poffible : d'ailleurs ce vieillard qui ne
ménage rien contre nous a été imprudent. Il a bleffé
le cœur de fon neveu. Je l'ai rencontré dans la premiere chaleur de fon reffentiment ; il étoit furieux,
il m'a tout confié. Je lui ai dit que je préviendrois
les coups que cette tête opiniâtre vouloit nous porter ,
que je te mettrois à couvert de fes pourfuites, Il m'a
embraffé , il m'a appellé fon protecteur , fon ami. Tu
dieu ! Placer fon bien à fond perdu ! Si cette fucceffion ne tombe à fon neveu, adieu nos efpérances, mais
j'ai cette affaire trop à cœur pour l'abandonner. Avec
fa petite épée d'argent maffif qu'il porte à la vieille
mode, il a tout l'air d'un de ces tapageurs du tems
paffé. O fi je lui fufcitois une querelle d'Allemand. Il
eft vif, colere ; il tireroit l'épée, & moi, (*il pouffe une
botte.*) & moi, jadis prévôt de falle, je ne tarderois
pas à le coucher fur le carreau. Qu'il feroit bien là !
C'eft un infecte qui veut mordre & qu'il faut écrafer,

ROSALIE.

Cours & m'amene Jenneval ; il faut que je fois fure de lui , tu m'entends. S'il fe livre à moi, comme je n'en doute point... Frappe... Ses coups fuivront les tiens ? Il eft furieux, dis-tu ... Sois attentif à tous fes mouvemens, aux miens... Lorfque nous ferons enfemble , entre à propos, fors de même... Tu interpreteras mon gefte & jufqu'à mon filence... mais après fonge à tout & mets à profit les inftans ; que la prudence s'uniffe à l'audace...

BRIGARD.

A qui dis-tu cela ? Je dérouterai tous les limiers de la Police ; je connois toute leur allure. J'ai quatre recoins ténébreux dans cette grande ville où je défie... Puis un homme mort ne parle point... C'eft un fait...

ROSALIE, *avec intrépidité.*

Tu perds le tems en paroles. Je devrois à cette heure même recevoir la nouvelle de fon trépas... L'attente me confume & je ne vis plus...

SCENE IV.

ROSALIE, BRIGARD, JUSTINE.

JUSTINE, *accourant.*

MADEMOISELLE, Jenneval monte...

ROSALIE, *à Brigard.*

Ne perds pas un feul de mes regards...

Brigard fait un figne d'approbation & fort. Rofalie fe jette fur une chaife le mouchoir fur les yeux, un bras en l'air & paroit plongée dans le plus grand défefpoir.

SCENE V.

ROSALIE, JENNEVAL.

JENNEVAL, *appercevant Rosalie en pleurs*

O Ciel ! Voilà donc les tourmens que je te cause ! A toi !.. Ah je mourrai de ta douleur, si ce n'est de la mienne ... Adorable Rosalie, pardonne. Ne me vois pas en coupable. J'ai souffert plus que toi ... Rassure mon cœur déchiré ... Dis que tu ne rejettes pas sur moi l'indigne traitement où mon malheureux sort t'a exposée ; dis que rien ne peut altérer ton amour, cet amour précieux qui fait aujourd'hui mon unique espoir ... Non, ce n'est qu'à tes genoux que je rencontre encore quelque ombre de bonheur.

ROSALIE.

Il n'en est plus pour moi, Jenneval ; l'indigence n'est rien, mais l'infamie dont on a voulu me couvrir, le mépris... L'éclat scandaleux des insultes qu'on m'a faites m'humilie & me déchire le cœur... Heureuse avant que de vous connoitre, je regarde le premier jour où je vous ai vu comme la funeste époque du malheur de ma vie ... Que venez-vous chercher encore ici ?.. Il faut nous séparer...Laissez-moi à mon sort ... Tout horrible qu'il est, je crains que vous ne l'agraviez encore ... Ne nous revoyons jamais ; je n'ai rien à vous dire de plus.

JENNEVAL.

Jamais ! Quel mot ! L'as-tu pu prononcer ?

ROSALIE.

Oui, je vais fuir loin de vous. Mes yeux noyés dans les pleurs ne vous verront plus que quelques inftans. Je voudrois dompter ces indignes larmes... Puiffiez-vous m'oublier !

JENNEVAL.

Non chere & tendre amie. Non , je n'écoute point l'injufte accent de votre douleur. Vous n'acheverés point de me défefpérer. C'eft de vous feule que mon cœur fe promet quelque foulagement. C'eft à vous qu'il vient s'abandonner tout entier. Ne me préfentés point l'image de vos maux, ils font gravés dans mon ame en traits ineffaçables ; mais lorfqu'un même coup nous frappe tous deux, ne fongerons-nous qu'à nous affliger au lieu de nous fecourir mutuellement... Je fuis la premiere caufe du malheur qui t'opprime, mais quand mon cœur l'avoue, le tien, chere Rofalie, qui doit compatir à mes maux, le tien, ne plaide-t-il point en ma faveur contre toi-même ? Tout ce que tu endures eft préfent à mon ame, mais ce que je fouffre tu l'ignores... Non tu ne le fauras jamais.

ROSALIE, *en fanglottant.*

Qu'ai-je fait à cet homme barbare pour me pour-fuivre ? De quel droit attente-t-il à ma liberté & à mon repos ? Que d'outrages il m'a fait ! Il m'a traitée comme la plus vile créature ; & Jenneval, vous favez fi je méritois cet affreux traitement ... C'en eft fait, ne me revoyés plus ; n'exigés plus que je vous revoye. L'état horrible où il m'a réduite ne me laiffe d'au-tres reffources qu'une mort prompte.

JENNEVAL.

Que me dis-tu ? Toi mourir, toi!..Au nom de

ma tendreſſe ne te laiſſe point accabler ,.. Calme-
toi ... Je n'ai jamais ſenti tant d'amour & de fureur.

R O S A L I E.

Je te l'avoue, j'aurai plutôt le courage de mourir
que celui de languir dans l'opprobre. L'opprobre
eſt un poiſon lent qui tue une ame ſenſible, & la
mienne l'eſt mille-fois plus que tu ne l'imagines. Quelle amertume répandue ſur tes jours & ſur les miens !
Ah ! Si je ne puis me relever, reſous-toi à me perdre.
J'y ſuis décidée. Si tu ne m'aimois pas, je ne vivrois
déja plus.

J E N N E V A L , *en ſe frappant les mains.*

Malheureux que je ſuis ! Ah Roſalie, au nom de
l'amour ſauve-moi du déſeſpoir. Quoi, j'entendrois
mon cœur me crier, c'eſt toi qui es ſon aſſaſſin ! Elle
meurt pour t'avoir aimé. C'eſt ta main qui la pouſſes
au tombeau. Ah periſſe plutôt tout ce qui n'eſt pas
toi ...

R O S A L I E.

Il n'y a qu'un ſeul homme acharné à nous perdre ;
& je n'ai point trouvé un défenſeur qui ſoutint ma
cauſe avec la même fermeté que celui-ci met dans
ſa perſécution.

J E N N E V A L.

Tu n'es pas la ſeule victime de ſa fureur. Il m'a
maudit, déshérité ; va, j'ai rompu tous les nœuds
qui m'attachoient à lui ... J'aurois dû peut-être ...
Mais cet homme eſt mon oncle.

R O S A L I E.

Dis plutôt ton bourreau. C'eſt lui qui a toujours
empoiſonné ta vie d'un fiel amer. Vois quelle eſt ſa
violence

violence. Combien elle eſt terrible, inexorable. Tu m'aimes, c'eſt aſſez , je deviens l'objet de ſa haine. Il me calomnie, il ſouleve contre moi une force aveugle & je ſerai ſacrifiée , car l'innocente foibleſſe l'eſt tou‑jours ; mais mon cœur ſaignera encore plus de tes bleſſures que des miennes. Sous un tel tyran, cher Jenneval, quel avenir t'eſt reſervé !

JENNEVAL.

Mon deſtin eſt horrible , mais il ne doit pas tou‑jours durer.

ROSALIE.

Tant qu'il vivra , n'en attend point un autre.

JENNEVAL.

J'implorerai le ſecours des loix pour diſpoſer à mon gré de ma liberté & de ma fortune. Je ne parle point de te défendre, de t'arracher à tes vils perſé‑cuteurs. De pareils ſermens offenſeroient l'amour & toi. Je ſerai libre , te dis‑je , & malgré tous ceux qui pourroient s'y oppoſer.

ROSALIE.

Cher Jenneval, quand on a recours aux loix, ces ſimulacres inſenſibles, l'iſſue eſt bien douteuſe , & par quel labyrinthe long, difficultueux, pénible, te faudra‑t‑il paſſer ? On t'a ravi ton bien : eſt‑ce dans le deſſein de te le reſtituer ? On t'aura ôté juſqu'aux moyens de produire tes premieres demandes. Eſt‑ce un vain tribunal qui donnera quelque force à tes foibles droits ?

JENNEVAL, *après un moment de ſilence.*

A quoi m'a‑t‑il réduit cet homme infléxible ? J'au‑

rois pu l'aimer malgré ses rigueurs & je sens trop
combien ma haine de moment en moment s'allume
contre lui Me préserve le ciel de hâter son trépas
par mes vœux ; mais si la mort descendoit sur sa tête...
il fut injuste , il fut dur & barbare , je porte un cœur
vrai , je ne sais point feindre ; s'il mouroit, non, je
ne répandrois point de larmes sur sa tombe. (*en
s'attendrissant.*) Cependant autrefois j'ai vu des momens où j'aurois donné tout mon sang pour lui !

R O S A L I E.

S'il n'étoit plus, dis Jenneval, quel changement
de fortune !

S C E N E V I.

R O S A L I E, J E N N E V A L, BRIGARD.

B R I G A R D, *dans le fond du Théatre , à part.*

ALLONS, il est tems ; jouons notre rôle. (*haut.*)
Votre très-humble M. Jenneval. Toujours prêt
à vous servir , entendez-vous. Disposez de moi ; vous
le savez , je suis tout à vous.

J E N N E V A L *avec exclamation.*

Ah ! voilà celui à qui je dois plus que je ne puis
exprimer. Sans lui, sans ses avis, sans ses soins généreux , chere Rosalie , je ne jouirois pas en ce moment du bonheur de te revoir... A qui demander , où
te trouver ?..

ROSALIE.

Il a fait plus, il m'a indiqué cet azile secret &
caché. Il a opposé ce rempart à l'ardente fureur de
nos ennemis. Sans lui je gémirois dans la profondeur
des cachots, en proie au désespoir, mourante...
Tu lui dois tout.

BRIGARD, *en regardant derriere lui.*

Ah, le péril n'est point encore passé.

JENNEVAL, *troublé.*

Comment ?

BRIGARD.

Ah, Monsieur, on en agît bien indignement envers vous, je suis accouru pour vous prévenir. Tout
nous menace ; ce vieil oncle qui veut vous enlever
Rosalie pour jamais, a obtenu de nouveaux ordres.
Des espions sont répandus de tout côtés, & je tremble pour demain.

JENNEVAL, *saisissant Rosalie par le bras
& la main sur son épée.*

Ah, le premier qui osera contre elle... quel que
soit le nombre, ce fer... ou du moins j'expirerai en
embrassant tes genoux !

ROSALIE.

Je ne doute point de ton courage ; mais vois combien il seroit inutile. Nos malheurs pourroient s'é-
tendre plus loin encore. Est ce là le seul parti que
l'amour te dicte pour sauver une infortunée que tu
as exposée au plus cruel affront ? Toi seul connois
mon innocence, mais les autres séduits ou trompés,
me traiteront avec ignominie. Le déshonneur & la
mort seront le prix de ma fidelité.

J E N N E V A L.

Quelle affreufe idée ! comme elle bouleverfe mon ame ! Je vois couler tes pleurs ... Ah tu m'épargnes encore , tu ne me parles pas de cette indigence qui te preffe & t'environne. Ce barbare qui fe dit mon oncle m'a ôté l'efpoir de te préfenter la moitié de ma fortune. Ciel ! infpire-moi ce que je dois tenter ...

R O S A L I E , *en s'affeyant & fe couvrant les yeux d'un mouchoir.*

Ah , penfe pour moi, car le trouble qui m'agite m'ôte la faculté de penfer.

(Jenneval fe promene à grands pas.)

B R I G A R D , *fur le devant de la Scene, & comme dans un monologue.*

Maudit vieillard ! fi tu pouvois nous faire la grace de décéder fubitement , nous te pardonnerions tout le refte ... Le fang me bout dans les veines. Il jouit de vos biens tandis qu'il vous brave & qu'il vous infulte. C'eft une chofe inouie que cette injuftice-là ... La nuit eft commencée ... S'il fe rencontroit ce foir devant moi, je crois que l'indignation m'emporteroit... *(ici Jenneval le regarde.) (en adouciffant fa voix.)* Vous ne favez pas tout, Monfieur ; ce vieillard importun qui ne refpire que pour votre ruine , à cette heure meme fait dreffer un contrat de rente viagere , où il comprend tous fes biens , afin de vous ravir un héritage qui vous eft fi légitimement dû ...

J E N N V A L.

Oncle cruel ! Vous poufferiez jufques-là votre ven= geance ... Je ne l'aurois jamais cru.

BRIGARD.

Hélas! il n'eſt que trop vrai. Mon zéle pour vous m'a fait découvrir l'impoſſible. Il ſoupe ce ſoir au marais, chez l'homme chargé de conduire ſecrettement cette affaire. Si vous en doutez encore, ſuivez-moi ce ſoir vers les onze heures au détour de la fontaine . . .

JENNEVAL, *avec fierté.*

Eh, qu'il garde ſes biens, ces biens vils que je mépriſe, & auxquels il me croit ſi fort attaché, pourvu que tu me reſtes, chere Roſalie. Je ne les déſirois que pour toi. Mais tu dédaigneras comme moi ces richeſſes : prends mon courage. L'adverſité m'a rendu fort, imite-moi. Nous irons, s'il le faut, vivre dans un déſert, pour y jouir de nous-mêmes. Je me ſens ſecrettement flatté de n'eſpérer plus rien de lui. Ses biens me deviennent odieux comme ſa perſonne. Mes amis! qu'on ne prononce plus ſon nom devant moi. Il viendroit, ſoumis & ſuppliant pour réparer ſes torts que je ne lui pardonnerois pas. Il m'a fait trop ſouffrir en faiſant couler tes larmes. Pardonne, daigne encore m'aimer, me revoir. J'oublierai juſqu'au nom de cet oncle inhumain. Eh, que peut-il pour mon bonheur ?

ROSALIE, *ſoulevant ſon mouchoir, & d'un*
ton froid.

Il peut mourir . . . (*puis elle ſe couvre le viſage comme abandonnée d'une douleur muette.*)

BRIGARD.

Demain, Monſieur, demain (j'en frémis d'avance) mais je vois que vous ferez tous deux ſacrifiés. Le

pouvoir, le terrible pouvoir eſt entre ſes mains.
Comment prévenir ... Il faudroit de ces coups dé-
ſeſpérés. Ah, ſi par un acte de vigueur je pouvois...

R O S A L I E.

Non, non, qu'il me laiſſe perir en conſentant à
tout, en m'abandonnant...

J E N N E V A L.

Qu'oſes-tu dire ?

R O S A L I E.

Que tu n'as pas une ame aſſez forte, aſſez décidée,
& que ton irréſolution enchaîne après toi le malheur.

J E N N E V A L.

Eh quoi donc décider ? Oſe réſoudre. Dans ces
extrémités quel parti dois-je prendre?..

R O S A L I E, en ſe levant.

T'abandonner entierement à moi, jurer de ne pas
rejetter le moyen que je vais t'offrir ; c'eſt le ſeul
qui nous reſte ...

J E N N E V A L, avec emportement.

Je te le jure par tout ce qu'il y a de plus ſacré...
Mon ame ſouffre dans la tienne, je ne veux plus
voir tes douleurs ... Prononce ... Le regard des
hommes n'eſt plus rien pour moi. Je ne vis plus que
pour te ſervir ...

Roſalie, en ſe détournant pendant ce couplet, a fait à Brigard
un geſte homicide, ſignal terrible du meurtre. Brigard a
répondu à ce ſignal affreux, & eſt ſorti. Tout ceci a dû
s'exécuter dans un inſtant.)

SCENE VII.

ROSALIE, JENNEVAL.

ROSALIE *s'avance & faifit la main de Jenneval.*

JENNEVAL, m'aimes-tu?

JENNEVAL.

Quel langage, ô Ciel !

ROSALIE, *en fouriant avec une joie cruelle.*

Eh bien, cette nuit même n'achevera point fon cours fans amener le terme de notre adverfité. La fortune, tu le fais, ne tient fouvent qu'à un moment de courage . . .

JENNEVAL.

Quoi, feroit-il poffible! . . Que vois-je ? Tous tes traits font changés. Quelle joie extraordinaire brille fur ton vifage!.. Tu pourrois entrevoir . . .

ROSALIE.

Va, tout eft vû.

JENNEVAL.

Tu efperes ? . .

ROSALIE, *du ton le plus tendre.*

Tous nos malheurs vont finir, viens effuyer mes larmes. Viens rendre la paix à mon cœur. Viens me dire que tu m'aimes, afin que je perde toute idée de me donner la mort. Jenneval, répéte-moi que ma volonté fera l'arbitre de tes deftins.

JENNEVAL, *avec impatience.*

Rofalie, méconnois-tu ton amant?

ROSALIE, *en le ferrant contre fon fein.*

Tu l'es, mon cher Jenneval; c'en eft fait…Tu deviens en ce moment la plus chere moitié de moi-même… Va, ma tendreffe fera déformais fans bor-nes. Écoute ce cœur qui t'eft fi bien connu, qui fe livre à toi fans réferve. Ton amante à cette heure brule de plus de feux que tu n'en eus jamais pour elle. Elle te préfereroit aux mortels les plus opulents. Elle te choifiroit dans le monde entier pour ne fui-vre, ne voir, n'adorer que toi; enfin elle va te don-ner la plus grande preuve de fon amour, en ofant tout entreprendre pour que rien ne nous fépare.

JENNEVAL, *ému.*

Prends garde, chere Rofalie, je n'ai point affez de force pour fupporter des marques fi vives de ton amour… Modere une joie trop précipitée… Tu t'abufes peut-être… Je t'idolâtre, je fuis le plus heureux des hommes…, mais…, explique-moi enfin…, je dois favoir…

ROSALIE.

Ingrat! j'aurois voulu que tu l'euffes deviné. Ecou-te, la haine ne profcrit-elle perfonne dans ton ame? Sens-tu cette fureur ardente qui confume la mienne? Ta Rofalie ne vit-elle plus en toi? Ne t'infpire-t-elle pas fon projet?.. Il eft terrible, mais fi tu la chéris, tu fais ou plutôt tu fens, ce que demande une femme outragée…

JENNEVAL.

Arrête. Ne fens-tu pas toi même combien tu me fais fouffrir… Je tremble… Eh que veux-tu?

R O S A L I E.

Ton bonheur & le mien. Voici l'inftant de me
prouver que tu m'aimes. La rage de cette ame de
fer, de cet odieux tyran qui fe dit ton oncle, vient
d'allumer ma jufte vengeance. Il nous pourfuit... Si
je ne l'arrête nous périffons.... C'eft fa mort que je
te demande.

J E N N E V A L.

Sa mort!

R O S A L I E.

Crains de balancer.

J E N N E V A L.

Le frere de mon pere! Dieu!

R O S A L I E.

Lui! ce defpote farouche.

J E N N E V A L.

Tout mon être frémit; cruelle, qu'ofes-tu prononcer? Demande ma vie, c'eft l'unique chofe qui me
refte à te facrifier. (*changeant rapidement de ton.*)
Ah! l'infortune t'égare & te fait oublier... Non,
ce n'eft pas toi qui parle... Dis-moi quel noir démon trouble ton ame?

R O S A L I E.

Homme foible & lâche, qui ne fais rien ofer pour
ton propre bonheur, demain tu rendras grace au
coup hardi qui nous aura délivrés. Demain, nous
n'aurons plus rien à craindre; tu feras libre, riche
& maître de ta Rofalie.

J E N N E V A L.

De quelle horreur es-tu poffédée? J'en attefte
ici le Ciel... Je n'acheterois pas même un trône au
prix du fang de ce vieillard.

JENNEVAL,

ROSALIE.

Qu'as-tu tant à frémir ? Eft-ce la vie que tu lui raviras ? ce font à peine quelques jours fragiles & languiffans ? Leur flambeau pâlit, acheve de l'éteindre. Seroit-ce un vain titre d'oncle qui retiendroit ton bras ? Va, les chimériques liens du fang font trop équivoques pour en impofer. Ceux qui nous aiment & qui nous font du bien, voilà nos parens ; mais celui qui fe rend notre perfécuteur, qui nous hait ; cet homme, quel qu'il foit, n'eft plus qu'un mortel ennemi que la nature elle-même nous enfeigne à détruire.

JENNEVAL.

Eh quel droit ai-je fur fes jours ?.. Le vil affaffin frappe dans l'ombre, mais depuis quand prétend-il juftifier au grand jour, fa lâche & obfcure fureur ?.. Rofalie ! comment ton ame eft-elle devenue fanguinaire ?.. Ah, reprends, reprends cette douce fenfibilité qui honore ton fexe & qui faifoit tous tes charmes. Autrefois tu m'as montré des vertus, ne les démens pas. Reviens, reviens à toi-même & tu défavoueras bientôt un langage fi contraire à ton cœur & au mien.

ROSALIE.

Eh bien fais-lui grace pour qu'il me tue ; attends que ce monftre que tu épargnes m'ait arrachée d'ici pour me plonger vivante dans les cachots. Détefte ton amante & chéris fon tyran féroce ... Si tu n'as pas le courage de prévenir fes coups, foulage-moi avec ton épée ... Tu feras moins cruel.

(*Elle fe jette fur l'épée de Jenneval.*)

JENNEVAL *la repouffant.*

Malheureufe ! ô Ciel !

ROSALIE, *dans l'attitude du defefpoir.*

La mort n'eft qu'un inftant. L'indigence & l'op-probre font éternels. Accorde-moi fa mort, ou trem-ble... Je me perce à ta vue.

JENNEVAL.

Tu veux mourir. Meurs du moins innocente... Dans quel égarement te jette un défefpoir que ma douleur partage! Rofalie! eft-ce là ce que tu m'avois fait efpérer? Quoi, tu connois l'amour, & tu peux être barbare!

ROSALIE.

Qui de nous deux l'eft davantage?.. Tu pleureras ma mort, puifque tu chéris fa vie aux dépens de la mienne.

JENNEVAL.

Tu m'affaffines à coups redoublés... Ta rage fem-ble paffer dans mon cœur. Laiffe-moi refpirer... Je ne me connois plus... Le défordre de mon ame... Je ne fais ce que je hazarderois dans ces momens, pour te fauver de l'affreux état où je te vois.

ROSALIE, *d'un ton fuppliant.*

Rends-moi ce jour que la tyrannie veut m'ôter & ma vie entiere, je la confacre à jamais fous tes loix. Vole, cher Jenneval, la nuit & la mort obfcurciront tous les objets. Les ténebres font d'infenfibles té-moins. Elles enfeveliront cet événement dans une ombre éternelle. Rien ne tranfpire de la nuit des tom-beaux, & leurs fecrets périffent avec ce qu'ils en-ferment. Nuls veftiges, point d'indices. Les foupçons ne s'éleveront pas même jufqu'à toi... Crois en ton amante, elle a tout difpofé & tout eft prévu.

J E N N E V A L.

Eh quand j'échapperois à tous les regards, à l'œil même du vengeur éternel des crimes, je le saurois toujours moi ! la voix de cette confcience que rien n'étouffe me reprocheroit mon forfait : que m'importe le jugement de l'Univers, fi cette voix terrible qui m'accufe tonne à jamais dans mon cœur .. Barbare ! Eft-ce ainfi que tu reconnois ma tendreffe, eft-ce en me rendant coupable & malheureux que tu veux fignaler le pouvoir de tes charmes. Quoi ! le chef d'œuvre de la nature voudroit en devenir l'horreur ? .. Mon ame eft épuifée .. Que j'ai befoin de me fortifier contre tes attraits dangereux !.. Mais, que dis-je ? En voulant frapper, le poignard me tomberoit des mains ; ce vieillard ! . . Il porte fur fon front les traits chéris d'un pere .. Il m'a careffé dès le berceau , il a élevé mon enfance, il fut mon bienfaiteur ; & à travers toutes fes rigueurs, je fens, oui je fens trop qu'il m'aime .. Ah, fon ombre en montant au fejour éternel, fon ombre fanglante iroit m'accufer devant un pere ; elle lui diroit : *Vois cette bleffure ouverte , ce flanc déchiré .. C'eft la main de ton fils !* .. La foudre alors s'échaperoit fur ma tête, ou, fi la terre portoit encore un parricide , feul avec mon crime je n'oferois plus regarder le foleil ; une image enfanglantée me pourfuivroit jufqu'en tes bras .. Écoute, ne fenstu pas déjà des remords ; toujours plus dévorans , ils corromproient nos jours ? Plus d'amour pour nos cœurs. La difcorde qui fuit les forfaits viendroit s'affeoir entre nous, & nous armeroit bientôt l'un contre l'autre. Échapés aux bourreaux , nous n'échaperions pas à nous mêmes .. Ah..

ROSALIE, *d'un ton terrible.*

Je rejette ton indigne pitié, tes prieres, tes vœux, tes remords, apprends qu'ils deviennent inutiles. J'avois prévu ta foibleſſe, je me ſuis chargée de ta deſtinée. Tu l'avois remiſe entre mes mains. Il n'eſt plus en ton pouvoir que d'ordonner mon trépas.. L'arrêt en eſt porté.. Tu entreras malgré toi dans mon complot.. Au moment où je te parle, c'en eſt fait, Ducrône, notre tyran expire.

JENNEVAL *courant déſeſpéré.*

Ah perfide ! je t'avois mal connue. (*en pleurant.*) Bonnemer, cher Bonnemer, tu me l'avois prédit.... Où es-tu ? Viens, vôle à mon ſecours.

ROSALIE, *froidement.*

Ceſſe de vaines clameurs, & choiſis maintenant d'être ou mon accuſateur ou mon complice. Traîne ſur l'échaffaut une femme qui t'aime, qui a tout oſé pour toi, ou laiſſe tomber un ſiniſtre vieillard dont tu recueilleras l'immenſe héritage, & qui entraînera avec lui dans ſa tombe le ſecret impénétrable de ſa mort. Il n'a aucun droit de me toucher lui !.. Je ne demande point que tu prennes un poignard, que tu enſanglantes tes foibles mains.. Ferme les yeux; laiſſe agir Brigard; il nous ſert avec zèle. D'ailleurs, n'eſpere pas pouvoir le fléchir. Il ſait qu'il faut te ſervir malgré toi & que demain tu baiſeras la main qui nous aura délivrés.

JENNEVAL *rapidement.*

Le barbare ſe trompe.. Je cours défendre & ſauver ce vieillard malheureux. Je l'aime depuis que ſes jours ſont en danger, & toi, je crois que je commence à te haïr, je crois.. [*Il va pour ſortir.*] Laiſſe-moi, j'abjure l'amour, je déteſte la vie...

ROSALIE, *l'arrêtant.*

Arrête, cher Jenneval...

JENNEVAL *furieux.*

Eh que veux-tu de moi, furie implacable?... tremble !

ROSALIE.

Dieux ! quel nom ! quel regard! (*tombant à ses genoux.*) Immole ta Rosalie, & ne l'outrages pas. Elle redoute plus ton mépris que la mort. Elle est prête à sacrifier sa vie à tes pieds. Accuse le sort, maudis notre destinée. J'ai, comme toi, le meurtre en horreur, mais une fatalité terrible nous écrase & je veux te sauver. Comment renoncer à la vie, à la liberté, à l'amour ? Je t'idolâtre. Crime ou vertu, l'amour l'emporte sur tout & ne connoît point d'autre loi... Dans un pareil état, est-ce à nous de réfléchir ?. Cher & foible Jenneval, affermis ton ame ; il n'est plus tems de reculer... Écarte les fantômes qui obsédent ta crédule imagination. Vole où ton amante te conduit ... Serais-tu insensible au prix unique qu'elle garde à ton obéïssance ... Pressé dans les bras qui s'ouvriront pour te recevoir & payer ton courage ; tout entiers à nous-mêmes... libres, heureux, vengés ...

JENNEVAL.

Leve-toi, barbare, je ne veux plus t'entendre... Mes cheveux se dressent d'horreur. Que ton génie est terrible ! que ta tendresse est perfide ! par quels détours m'as-tu conduit dans l'abîme... Fatale beau-

té! tu vois le délire de mes fens, tu fais que tu re-
gnes impérieufement fur ce cœur déchiré, & tu le
pouffes au meurtre ... Tes cris, tes gémiffemens, tes
pleurs m'accablent. Ils ont ébranlé mon ame, & en
ont chaffé la vertu ... Triomphe ! l'échaffaut nous
attend tous deux ... Juftice du Ciel, qu'avez-vous
réfolu de moi?.. Ah, quels combats! quels tourmens!..
je chancelle ... Je friffonne ... Par où fortir? ..
(*s'appuyant contre la murallle.*) Je me meurs .. (*rani-
mant fes forces*) Laiffe-moi aller ... Cruelle! Ne de-
mandes-tu pas fa mort ?

R O S A L I E.

Oui.

J E N N E V A L, *éperdu.*

Eh bien je répandrai...

R O S A L I E.

Tu répandras fon fang !

(*Ici la déclamation muette de Jenneval eft dans fon plus haut
dégré d'énergie ; Rofalie le tient, le preffe, le fixe ;
Il s'arrache de fes bras.*)

J E N N E V A L.

Oui , je le répandrai ... Laiffe-moi ... Laiffe-
moi, te dis-je.

(*Il fort*).

SCENE VIII.

ROSALIE, *seule & marchant à grands pas.*

ENFIN, j'ai reçu son aveu... Que de fois il m'a fait frémir ! mais c'en est fait... Ce secret terrible est un nœud qui l'enchaîne à mes destins... Il reviendra ; je m'attend à ses cris plaintifs, à ses remords... Ils s'abîmeront bientôt dans les feux de la volupté ; c'est la divinité puissante qui fait taire tout ce qui contredit sa voix : elle regnera profondément sur l'impétueux Jenneval, & souveraine absolue je triompherai par elle.

Fin du quatrieme Acte.

ACTE V.

ACTE V.

SCENE PREMIERE.

LUCILE, BONNEMER.

LUCILE ſuit Bonnemer qui a l'air inquiet.

MONSIEUR Bonnemer, non, vous ne paroiſſez pas aſſez tranquille pour me raſſurer. Je lis ſur votre front que votre cœur eſt en ſecret violemment agité. Je ſuis dans un effroi mortel. Qui vous fait répéter ſans ceſſe le nom de mon pere & celui de m. Ducrône.

BONNEMER.

Ils ſont ſortis enſemble, Mademoiſelle ?

LUCILE.

Oui, & ils devroient être rentrés.

BONNEMER.

Ils ſont ſortis ſans domeſtique ?

LUCILE.

Eh mon dieu oui.

G

BONNEMER.

Et vous ne pourriez me dire à peu près dans quel
quartier ils font allés ?

L U C I L E.

Non , Monfieur. (*regardant à fa montre.*) Ciel !
onze heures & demie.

(Elle donne toutes les marques de la plus vive inquiétude.)

B O N N E M E R, *à voix baffe.*

Où irai-je ? Comment le rencontrer ?.. Je ne puis
étouffer un fatal preffentiment...

L U C I L E, *prête à pleurer.*

Monfieur ; au nom de l'amitié que vous avez toujours eue pour moi , diffipez le trouble affreux où je
fuis plongée ... Vous vous trahiffez malgré vous. Je
ne vous quitte pas. Je donnerois tout au monde pour
voir paroître à l'inftant mon pere & M. Ducrône.
Comme je volerois dans leurs bras ! Tout ce que j'ai
dans l'efprit ne feroit plus alors qu'un mauvais rêve
bientôt oublié.

B O N N E M E R.

Quoi, votre efprit s'allarmeroit-il ?.. Qu'imaginez-
vous donc Mademoifelle ?

L U C I L E.

Mais vous même, c'eft envain que vous diffimulez.
On a tout employé pour reconcilier l'oncle & le ne-
veu. L'un eft trop rigoureux , l'autre trop emporté...
Dites-moi, qu'a fait depuis Jenneval ?

B O N N E M E R.

Ne me le demandez point , ah ... (*Il veut fe*
retirer.

LUCILE, *l'arrêtant & rapidement.*

Bonnemer, parlez-moi; parlez-moi, ne me quittez pas je vous en conjure ; vous ne fentez pas que vous me faites cent fois plus fouffrir que fi vous m'annonciez les plus triftes nouvelles. Achevez...

BONNEMER.

Mademoifelle ... Je frémis de vous le dire. Je l'ai rencontré, ce malheureux Jenneval, mais dans un défordre extrême. J'ai voulu l'arrêter, le ramener ici ; furieux, il m'a méconnu, il s'eft arraché de mes bras. Le nom de fon oncle a échappé de fa bouche. Il m'a demandé plufieurs fois d'un ton fourd & terrible où l'on pouvoit le rencontrer fur l'heure même. Je n'ai pu réuffir à appaifer le trouble extraordinaire de fes fens. J'ai cru que c'étoit un refte d'émotion de la fcene vive qu'il avoit eue avec fon oncle ; lorfqu'en rentrant ici un exempt m'a fait appréhender un noir complot. Il m'a demandé fi M. Ducrône étoit de retour ; il m'a bien recommandé qu'on l'avertit d'être fur fes gardes, de ne point fe hazarder le foir. Il s'eft informé des maifons qu'il fréquentoit & il eft parti précipitamment.

LUCILE, *jettant un cri.*

Ciel ! fe pourroit-il !.. Courez, volez, laiffez-moi.

BONNEMER.

Ah ! reprenez vos fens, vous changez de couleur ; je ne puis vous laiffer en cet état. Je vais appeller... Mais j'entends quelqu'un.

(M. Dabelle entre lorfque Bonnemer foutient Lucile dans fes bras.)

SCENE II.

M. DABELLE, LUCILE, BONNEMER.

M. DABELLE.

QU'E S T-ce donc ? ma fille prête à s'évanouir

LUCILE, *d'une voix étouffée.*

Ah ! Mon pere ! .. Quoi, feul ? ..

BONNEMER.

Mon cher Monfieur Dabelle vous revenés feul . . .

M. DABELLE, *foutenant fa fille.*

Mon ami, mon cher ami . . . Lucile, qu'a-t-elle donc ? Qu'eft-il arrivé ?

BONNEMER.

Et M. Ducrône où eft-il ?

M. DABELLE, *conduifant fa fille fur un fauteuil.*

Il n'eft pas rentré ! .. Qu'eft-ce à dire ?.. Chere enfant. . . Bonnemer. . . D'ou nait votre effroi mutuel ? Dites-moi donc . . .

BONNEMER.

Ah Monfieur !

M. DABELLE.

Vous m'inquiétés d'une maniere étrange . . .

BONNEMER.

Où l'avez-vous laiffé ? .. êtes-vous toujours demeurés enfemble ?

M. DABELLE.

Non, depuis quatre heures, nous nous sommes féparés. En me quittant il m'a dit ; je ne tarderai point à vous rejoindre (*allant a fa fille.*) Eh bien ma fille tu pleures ...

BONNEMER.

Helas, Monfieur, nous vous revoyons... Pourquoi avez-vous abandonné Ducrône... Ses jours font en danger... Jufte ciel ! Le malheureux l'auroit-il affaffiné !

M. DABELLE.

Vous me glacez d'effroi ... Comment ? Affaffiné ! Que voulez-vous dire ?

BONNEMER.

On croit que Jenneval veut attenter aux jours de fon oncle... Cette femme criminelle & perfide qui l'a corrompu .... On foupçonne le plus affreux deffein... Helas ! Son œil troublé évitoit mes regards.

LUCILE, *en reprenant fes fens.*

Jenneval n'eft point un barbare. Mon cœur me foutient le contraire. Il me femble encore l'entendre converfer fur le précieux fentiment de l'humanité ; mais il eft foible, il eft livré à des fcélérats qui peuvent fans lui ... C'eft trop de n'avoir pas fçu les détefter, les fuir ... Ah fi l'amour a tant de pouvoir fur fa volonté, quel malheur pour iui de n'avoir pas été excité aux plus hautes vertus !

M. DABELLE.

Ma fille calme toi ... Si tu ne peux jamais te repréfenter Jenneval affaffin, je ne puis non plus me faire à cette idée révoltante ... Cependant je suis hors de moi. (*appellant un domeſtique.*) Qu'on mette tout de ſuite les chevaux aux deux voitures... Je me doute de deux ou trois endroits ... On m'a arrété ſi tard auſſi... Il me ſembloit que quelque choſe me rappelloit ici. (*à Bonnemer.*) Mon ami vous irés d'un côté, moi de l'autre. Nous le rencontrerons ſurement ... Ma fille , vous trouvés-vous mieux... Un moment de patience. (*Il ſort*)

SCENE III.

LUCILE, BONNEMER.

Pendant cette Scene Lucile erre dans le fond du Théâtre.

BONNEMER , *ſur le devant ſeul.*

CIEL ! Veille ſur lui ! Fais que je le revoye ... ne permets pas qu'un crime s'accompliſſe ; ſauve à la fois deux ames honnêtes ; & faites pour s'aimer.

LUCILE.

J'entends pluſieurs voix confuſes. ... On vient ... Permettez... (*Elle ſort & rentre en s'écriant.*) Ah mon cher Monſieur Bonnemer, c'eſt le cher Monſieur Ducrône avec Monſieur Jenneval !

BONNEMER , *avec le cri de l'ame.*

Le ciel ſoit loué ! Soit beni mille fois!

SCENE IV.

M. DABELLE, M. DUCRONE, LUCILE JENNEVAL, BONNEMER.

Ducrône & Jenneval se tiennent par la main ; Jenneval a l'épée nue sous le bras. Ils sont tous deux sans chapeau.

BONNEMER, *à Lucile.*

C'EST lui, c'est lui ; embrassons-les tous deux. (*Il embrasse Ducrone & Jenneval.*)

JENNEVAL, *saluant Lucile, puis reprenant la main de son oncle.*

Ah mon cher oncle !

M. DABELLE.

A quel danger êtes-vous échapé ?

M. DUCRONE.

Au plus grand de tous. (*Montrant Jenneval.*) Voici mon libérateur ... Je suis encore tout ému ... Eh qu'est devenue ma canne ? .. Nous sommes tous deux sans chapeau... Jour cruel ! Ce soir j'ai soupé & demeuré fort tard chez un homme d'affaires & cela pour deshériter ce Jenneval qui vient de me sauver la vie... écoutez bien : au détour d'une rue, vers le coin d'une fontaine, un déterminé est venu à ma rencontre l'épée nue à la main. J'ai apperçu son fer qui brilloit dans l'obscurité. Surpris, j'ai tiré mon épée, mais la lame & le fourreau sont venus tout ensemble ... C'étoit fait de moi ... Voici que soudain un inconnu vole

à ma défenfe ; le combat fe livre, il renverfe l'affaffin à mes pieds ... Je vois, je reconnois mon neveu.
Il avoit fuivi fecretement mes pas. Il me prend, me
guide par la main ... C'eft lui, Meffieurs, qui a ex-
pofé fa vie pour conferver la mienne.

BONNEMER.

Généreux défenfeur !

M. DABELLE.

Brave jeune-homme !

JENNEVAL, *en fe couvrant le front des deux mains.*

Arrêtez ... Sufpendez ces cris de joie ... Frémiffés tous de m'entendre ... Je rejette vos louanges,
je ne les mérite point. Frémiffés vous dis-je d'horreur & de pitié, fachez qu'une larme de plus, j'étois
un parricide... Ah mon oncle ! Cette main qui preffe
la vôtre avec tendreffe, cette même main qui a fauvé
vos jours étoit prête à fe plonger dans votre fang ...
Vous vous étonnés ... Ah dieu ! Vous n'avez pas vu
cette femme en pleurs, profternée à mes genoux,
vous n'avez pas entendu fes accens. Vous ne conce-
vez pas de quels traits elle a frappé mon cœur ...
Échauffé par fes cris, éxcité par fes larmes, plein du
poifon dont elle m'avoit ennivré j'allois ...

M. DUCRONE.

Mon neveu, ne t'éxagere point à toi-même ta propre foibleffe.

JENNEVAL.

Non, Je dois tout révéler ... Mon ame hors d'elle
même alloit embraffer le crime. J'adorois Rofalie

vous l'aviez perfécutée. Homme imprudent & cruel vous ignoriez donc cet afcendant terrible, cette fiévre des paffions, ce délire d'un cœur réduit au défefpoir & ce qu'il peut entreprendre à la voix d'une femme ... Ah ! Souvenez-vous de mon pere, il ne fut jamais inexorable, il eut cedé aux larmes de fon fils, il l'eut plaint dans fa funefte paffion, il eut connu la pitié, il eut adouci fes maux. Pardonnez-moi ces reproches j'ai combattu, j'ai triomphé, j'ai été plus tendre, plus humain, plus fenfible que vous : mais du moins fentez un remord falutaire ; tremblés en écoutant un formidable aveu ... Apprenez que j'ai vu un moment où ne voyant plus en vous qu'un inflexible ennemi, j'allois vous affaffiner !.. Le ciel ...

м. DUCRONE.

Mon cher neveu, nous ne nous fommes point encore embraffés. (*Ils fe précipitent dans les bras l'un de l'autre.*)

JENNEVAL.

O joie ! O doux momens ! Eft-ce bien vous que je ferre fur mon fein ... Ah dieu, laiffez-moi pleurer ... Encore vertueux & étonné de l'être, je n'ofe en cet inftant même m'avouer ni me croire innocent... Femme artificieufe & cruelle !.. Eh fi tu n'avois point revolté mon ame, fi le ciel en m'éclairant tout à coup ne m'eut point fait lire fur ton front l'empreinte du crime... (*avec énergie.*) Mon cher oncle, couvert de votre fang, chargé d'opprobres, en éxécration à moi-même je mourois de la mort des fcélérats, peut-être avec leur cœur endurci. Je n'ai point commis le forfait & j'en éprouve tous les tourmens. Que feroit-ce donc fi j'étois coupable ! (*Etendant les bras vers le ciel & dans une attitude fupliante.*)

Grand dieu qui m'as prêté ta force victorieufe, je te rends graces, ma vertu eft ton ouvrage ! Si ta miféricorde n'eft pas épuifée, frappe le cœur de Rofalie, accorde-moi fes remords... Ta bonté furpaffe fon crime... Dieu puiffant, ce nouveau miracle appartient à ta clémence ! (*à Bonnemer.*) Soutiens moi mes forces s'épuifent.

Bonnemer le conduit fur un fauteuil. Jenneval affis continue après une courte paufe.

Et vous mon oncle, puifque le ciel a détourné les coups qui vous menaçoient, laiffés tomber cet événement dans un éternel oubli, ne pourfuivés point cette malheureufe & fes jours infortunés. Effayons les bienfaits fur ce cœur fi longtems tourmenté.. Votre compaffion doit étre exceffive, fi vous voulez l'égaler un moment à mes peines.

M. DUCRONE.

Jenneval écoute ; tu m'as fauvé la vie, je n'en difconviens pas, mais vois-tu, j'aimerois mieux étre cent pieds deffous terre que d'autorifer méme indirectement le moindre défordre. Oui, je te pardonnerois plutôt ma mort que ton libertinage. Laiffe les affaffins attenter à ma vie, je les crains moins que la perte douloureufe de tes mœurs, & je te le dis ici en oncle reconnoiffant & fevere, fi tu ofois renouer avec ta Rofalie...

JENNEVAL, *d'un ton froid.*

Homme extrême, épargnez ce nom à mon oreille. Vous ne m'entendez point. Ah.. quand je l'adorois je la croyois vertueufe. J'idolatrois le fantôme qu'avoit paré mon imagination, J'ai été détrompé... Je fuis affermi pour jamais contre fes coupables appas ; fi je fuis généreux envers elle , c'eſt que je puis l'être ſans danger... Imitez-moi.

M. D A B E L L E, *s'avançant.*

Cher oncle, j'ai tout vu, tout obſervé & le cœur de ce digne jeune-homme a paru tout entier à mes regards. C'eſt moi qui veux lui préſenter une fille vertueuſe : j'en connois une qui a un cœur ſenſible, tendre même , mais elle a un ami prudent, ſecourable qui depuis ſon enfance veille ſur ſa ſenſibilité. Elle a remis ſes plus chers intéréts entre ſes mains. Elle lui ſera toujours plus chere que tout ce qu'il pourra jamais aimer dans le monde ; il lit tous les ſecrets de ſon cœur, c'eſt à lui enfin à decider ſon choix. Notre Jenneval , cher oncle, me ſemble fait pour être aimé d'un cœur tel que le ſien, car j'oſe ici répondre de la nobleſſe d'ame de l'un & de la tendreſſe de l'autre.

L U C I L E, *troublée , attendrie , ſe décèle a tous les yeux par ſon embarras*

Mon pere !

M, D A B E L L E, *ironiquement.*

Lucile penſe donc que c'eſt d'elle que je parle ?

L U C I L E , *avec le plus grand attendriſſement.*

Ah ! Mon pere !

M. D A B E L L E.

La fauſſe honte que vous éprouvez en ce moment , ma fille, car c'en eſt une , eſt la ſeule foibleſſe que je vous reproche.

L U C I L E.

Ah permettez à votre fille de ſe retirer.

J E N N E V A L, *a part.*

Je me trouverois coupable ſi je balançois encore. (*haut*) Le voile eſt tombé, adorable Lucile ; un pere reſpectable m'enhardit ; je ne vois plus que vous ſeule au monde, digne d'être adorée ... Ah comment exprimer des sentimens toujours si chers, mais que j'ai trahis; toute ma vie pourra t'elle effacer ... Aveugle, je prêtois vos vertus à un objet qui ne les connut jamais ... Ah! c'étoit vous que j'adorois ... Vous voyez un homme nouveau.

LUCILE.

Si vos remords sont vrais, Monsieur, ils effacent à mes yeux toutes vos fautes. Mon pere ne vous à point retiré son estime, vous pouvez encore prétendre à la mienne. Un sentiment plus doux auroit été votre partage si vous eussiés resté ce que vous paroissiés être..

JENNEVAL, *avec feu.*

Ah! Vous me verrés digne de vous. J'en fais le serment à vos genoux; daignez m'encourager & d'un seul regard vous ferés de moi tout ce que je dois être. Heureux, si vous voulés étendre vos bienfaits sur le reste de ma vie.

M. DUCRONE.

C'est fort bien dit que cela mon neveu; je suis très content de toi, aime bien & de toute ton ame cette honnête & sage demoiselle. Tu peux compter dès ce moment sur mon héritage comme sur mon amitié. Messieurs, je lui ai toujours reconnu un caractere excellent au fond. Il m'a causé bien des chagrins, mais dieu merci en voici la fin.

JENNEVAL, *à M. Dabelle.*

Voilà donc comme vous me punissés? .. Ah tout me fait sentir qu'auprès de vous le sentiment de l'amour surpasse même celui du respect!

M. D A B E L L E.

Nos ames s'entendent cher Jenneval, elles font faites pour étres unis ... C'eſt toi qui rendras la fin de ma carriere douce & fortunée (*a ſa fille.*) Aide-moi à ſauver un jeune-homme ſenſible & vertueux des piéges du vice qu'il ignore, afin que tous les cœurs applaudiſſent au choix qu'il aura fait.

L U C I L E.

Mon pere ! Ah je crains que vous n'écoutiés que mon cœur...

M. D A B E L L E.

Va, crois-moi, ne plaide point contre lui.

J E N N E V A L , *baiſant la main de Lucile.*

Comment exprimer tout ce que je ſens ! Sortir du déſeſpoir pour gouter la plus pure félicité !.. Quel paſſage rapide & inattendu ! Belle Lucile, non je ne vous ai pas été infidele, je vous aime trop pour penſer que j'aye ceſſé un inſtant d'adorer tant de perfections réunies.

W. D U C R O N E , *à M Dabelle.*

Mais vous êtes un homme étonnant. Savez-vous que vous m'avez tout attendri, moi qui n'ai point de moleſſe ? Que vous me faites bien ſentir le plaiſir qu'on doit gouter a être bienfaiſant ! Ce n'eſt que dans cet inſtant que je viens de m'appercevoir que votre caractere vaut beaucoup mieux que le mien. Je ſens combien il me ſeroit doux de pouvoir vous reſſembler. Je ſais me rendre juſtice. Je ne me diſſimule pas que j'ai peut-être été trop ſévère, mais la jeuneſſe auſſi, la jeuneſſe ... Allons, allons, vos bontés ne feront plus de reproches à ma conſcience (*a Lucile.*) Chere belle & vertueuſe Demoiſelle, ſi vous ne redoutés pas d'avoir un oncle auſſi grondeur que moi, fi mon ton brufque ne vous fait pas peur, il faudra me permettre, s'il vous plait, de remettre cette gentille main dans celle de mon neveu, & le tout en faveur de fon repentir.... Le pauvre garçon qu'il a fouffert! Mais qu'il fera heureux! [*a M Dabelle.*] Son droit fini je le marie & je lui achete la plus belle charge poffible.

JENNEVAL.

Mon cher oncle!.. Ah! Monfieur!.. Ah charmante Lucile! Un fentiment éternel d'amour & de reconnoiffance... Mon cœur vous confond tous trois... Cher Bonnemer, qui l'eut dit... Mais quels fouvenirs amers fe mélent à ma joie!.. Te rappelles-tu ce moment où fourd à la voix de l'amitié, je t'outrageai?.. Oublieras-tu...

BONNEMER.

Je ne vois, je ne fens que ton bonheur... Il t'étoit dû... Tu verras quelle différence il y a d'un amour bien placé, à celui dont il faut rougir.

M. DABELLE.

Qu'il ne foit plus queftion que de la joie qui doit regner; ce jour eft marqué pour un des plus beaux de ma vie.

JENNEVAL.

Tant que je vivrai, il fervira d'exemple à la mienne, & votre main (fi je fuis affez heureux pour l'obtenir) chere Lucile, deviendra le gage de mes vertus.

F I N.

9 782329 561738